无字证明精选：
中学生能看懂的 198 个趣题

范兴亚　管　涛　崔佳佳　李　萌　编

机械工业出版社

本书精选了近两百个中学生能够看懂的"无字证明"。"无字证明"一般是指仅用图形而无须语言解释就能不证自明的数学结论，其形式往往是一个或一组特定的图片，有时也配有少量的解释说明．本书的每个无字证明都是一个趣题，这些无字证明涵盖了中学数学的方方面面，是罕见的直观反映数学美和数学本质的阅读材料，可作为中学生的课外读物，也可作为本科和高职师范类专业的教材．在新的课程标准强调直观想象这一核心素养的背景下，本书可满足中学和大学数学教师对教学素材的需求．

图书在版编目（CIP）数据

无字证明精选：中学生能看懂的198个趣题/范兴亚等编．—北京：机械工业出版社，2023.10（2024.10 重印）
ISBN 978-7-111-73480-2

Ⅰ.①无⋯ Ⅱ.①范⋯ Ⅲ.①中学数学课–教学参考资料 Ⅳ.①G634.603

中国国家版本馆 CIP 数据核字（2023）第 128748 号

机械工业出版社（北京市百万庄大街 22 号 邮政编码 100037）
策划编辑：韩效杰　　　　　责任编辑：韩效杰
责任校对：贾海霞　王　延　　封面设计：王　旭
责任印制：郜　敏
三河市宏达印刷有限公司印刷
2024 年 10 月第 1 版第 2 次印刷
169mm×239mm・14.75 印张・212 千字
标准书号：ISBN 978-7-111-73480-2
定价：49.80 元

电话服务　　　　　　　　　网络服务
客服电话：010-88361066　　机 工 官 网：www.cmpbook.com
　　　　　010-88379833　　机 工 官 博：weibo.com/cmp1952
　　　　　010-68326294　　金 书 网：www.golden-book.com
封底无防伪标均为盗版　　　机工教育服务网：www.cmpedu.com

前　　言

记得在北京师范大学李建华博士给研究生开设的"高观点下的初等数学"这门选修课上，我第一次接触到了"无字证明".

一个简单的图示十分简洁地表示了代数平均、几何平均、调和平均之间的关系，如此"直观"，给人以顿悟的感觉，激动之情溢于言表. 从那时，我知道在数学教学中，"慧根"尚浅的同学有了福音，那就是避开冰冷的公式推导，直接感受公式的正确，也就是"无字证明". 后来我发现这种在课堂上用"无字证明"的方法帮助学生理解数学并不是什么新鲜事. 早在很多年前，特级教师张思明老师在他的《用心做教育》一书中就有一个经典案例，提到课堂上用"无字证明"帮助同学们记忆公式，体会数形结合即代数与几何之间的联系. 北京四中正高级特级教师程国红老师在高三复习课上也用无字证明解释不等式.

以后的若干年，我收集阅读了大量无字证明文献. 本书就是从这些文献中整理编写了近二百个中学生能够看懂的无字证明. 在新课程标准的背景下，数学核心素养强调直观想象，如何培养学生直观想象能力，无字证明也许是其中的一条路径.

范兴亚

目 录

前言

第1章 平面几何 ……………………………………………………………… 1

勾股定理1 …………………………………………………………………… 3
勾股定理2 …………………………………………………………………… 4
勾股定理3 …………………………………………………………………… 5
勾股定理4 …………………………………………………………………… 6
勾股定理5 …………………………………………………………………… 7
勾股定理6 …………………………………………………………………… 8
勾股定理7 …………………………………………………………………… 9
勾股定理8 …………………………………………………………………… 10
勾股定理9 …………………………………………………………………… 11
勾股定理的倒数形式 ………………………………………………………… 12
两个正方形和两个三角形 …………………………………………………… 13
四个面积相等的三角形 ……………………………………………………… 14
勾股定理的推广 ……………………………………………………………… 15
通过平行四边形法则推导中线长公式 ……………………………………… 16
维维亚尼定理1 ……………………………………………………………… 17
维维亚尼定理2 ……………………………………………………………… 18
希俄斯的希波克拉底定理（大约公元前440年） ………………………… 19
"鞋匠之刀"的面积 ………………………………………………………… 20
"盐窖"的面积 ……………………………………………………………… 21
圆里和半圆里的正方形 ……………………………………………………… 22
四个月牙形的面积之和等于一个正方形的面积 …………………………… 23
月牙形和正六边形 …………………………………………………………… 24
由三角形的中线构成的三角形的面积等于原三角形面积的 $\frac{3}{4}$ ……… 25
三角形的等分切割与重组 …………………………………………………… 26
内含正方形的正方形 ………………………………………………………… 27

目 录

正六边形面积的 $\frac{1}{13}$ ·········· 28

正八边形面积的 $\frac{1}{3}$ ·········· 29

普特南八角形的面积·········· 30

正十二边形的面积 1 ·········· 31

正十二边形的面积 2 ·········· 32

带有锐角 $\frac{\pi}{12}$ 的直角三角形的面积·········· 33

托勒密定理 1 ·········· 34

托勒密定理 2 ·········· 35

通过托勒密定理证明勾股定理·········· 36

托勒密不等式·········· 37

三角形的面积和外接圆的半径·········· 38

直角三角形的面积·········· 39

直角三角形的内切圆半径·········· 40

一个关于直角三角形的恒等式·········· 41

等腰三角形的分割·········· 42

每个三角形均可以分割为 6 个等腰三角形·········· 43

等边三角形内切圆的半径·········· 44

有 60° 角的三角形的优美性质·········· 45

范·霍腾定理·········· 46

一个正方形的诞生·········· 47

等腰直角三角形的优美性质·········· 48

正方形内接四边形的最小周长·········· 49

瓦里尼翁定理·········· 50

正星形多边形的顶角度数之和·········· 51

等边三角形披萨的平分问题·········· 52

和为 45° 的角·········· 53

三等分一条线段·········· 54

五角星的顶角和为 180°·········· 55

长度相等的弦和切线段·········· 56

三圆定理·········· 57

一条固定的弦·········· 58

第2章 立体几何

- 三棱锥的体积 ··· 61
- 四棱台的体积 ··· 62
- 圆台的侧面积 ··· 63

第3章 代数恒等式

- 乘法交换律和分配律 ·· 67
- 乘法公式 1 ··· 68
- 乘法公式 2 ··· 69
- 乘法公式 3 ··· 70
- 乘法公式 4 ··· 71
- 乘法公式 5 ··· 72
- 代数恒等式 ·· 73
- 完全平方 ··· 74
- 代数面积 ··· 75
- 配成完全平方 ··· 76
- 丢番图平方和恒等式 ·· 77
- 索菲·热尔曼恒等式 ·· 78

第4章 不等式

- 算术平均数与几何平均数之间的不等式 1 ······································ 81
- 算术平均数与几何平均数之间的不等式 2 ······································ 82
- 算术平均数与几何平均数之间的不等式 3 ······································ 83
- 算术平均数与几何平均数之间的不等式 4 ······································ 84
- 算术平均数与几何平均数之间的不等式 5 ······································ 85
- 算术平均数与几何平均数之间的不等式 6（通过三角函数证明）········ 86
- 算术平均数、几何平均数、调和平均数之间的不等式 ······················ 87
- 调和平均数、几何平均数、算术平均数、平方平均数之间的不等式···· 88
- 算术平均数、对数平均数、几何平均数之间的不等式 ······················ 89
- 平方平均数、算术平均数、几何平均数、调和平均数之间的不等式···· 90
- 一组基本不等式的证明 ··· 91
- 柯西-施瓦茨不等式 1 ··· 92
- 柯西-施瓦茨不等式 2 ··· 93
- 柯西-施瓦茨不等式 3 ··· 94
- 伯努利不等式（两种证明）··· 95
- $A^B > B^A$，当 $e \leq A < B$ ·· 96

目　录　　VII

$e^\pi > \pi^e$ …………………………………………………………………… 97
平均数的规则（两种证明） ………………………………………………… 98
中间点性质 …………………………………………………………………… 99
一个正数及其倒数的和至少为 2（四种证明） …………………………… 100
与和为 1 的两数相关的不等式 …………………………………………… 101
代数不等式 1 ………………………………………………………………… 102
代数不等式 2 ………………………………………………………………… 103
帕多阿不等式 ………………………………………………………………… 104
直角三角形的不等式 ………………………………………………………… 105

第 5 章　三角公式　　107

两角和的正弦公式 1 ………………………………………………………… 109
两角和的正弦公式 2 ………………………………………………………… 110
两角和的正弦公式 3 ………………………………………………………… 111
两角和的余弦公式 …………………………………………………………… 112
两角和的正弦以及两角差的余弦 …………………………………………… 113
两角差的余弦公式 …………………………………………………………… 114
一幅图，六个三角恒等式 …………………………………………………… 115
二倍角公式 1 ………………………………………………………………… 117
二倍角公式 2 ………………………………………………………………… 118
二倍角公式 3 ………………………………………………………………… 119
半角公式 ……………………………………………………………………… 120
维尔斯特拉斯代换（万能公式） …………………………………………… 121
推导有理函数的正弦和余弦 ………………………………………………… 122
三倍角的正弦、余弦公式 …………………………………………………… 123
正余函数之和 ………………………………………………………………… 124
和差化积公式 1 ……………………………………………………………… 125
和差化积公式 2 ……………………………………………………………… 126
积化和差公式 ………………………………………………………………… 127
余弦定理 1 …………………………………………………………………… 128
余弦定理 2 …………………………………………………………………… 129
余弦定理 3（根据托勒密定理） …………………………………………… 130
余弦定理 4 …………………………………………………………………… 131
余弦定理 5 …………………………………………………………………… 132
余弦定理 6 …………………………………………………………………… 133

$\csc 2x = \cot x - \cot 2x$ ·········· 134
一个源自韦达的恒等式 ·········· 135
反正切函数的和 ·········· 136
$(\tan\theta+1)^2 + (\cot\theta+1)^2 = (\sec\theta+\csc\theta)^2$ ·········· 137
摩尔魏特方程 ·········· 138
正切乘积的和 ·········· 139
三个正切的和与积 ·········· 140
一个图形，五个反正切恒等式 ·········· 141
赫顿和斯特拉尼斯基公式 ·········· 142
函数 $a\cos t + b\sin t$ 的极值 ·········· 143
正弦不等式 ·········· 144
正切不等式 ·········· 145
正弦函数的子可加性 ·········· 146
在 $[0,\pi]$ 上正弦函数的子可加性 ·········· 147
15°角和75°角的三角函数 ·········· 148
$\tan 15°$ 和 $\tan 75°$ ·········· 149
18°角及其整倍数的三角函数 ·········· 150

第6章 数列 ·········· 151

整数求和 1 ·········· 153
整数求和 2 ·········· 154
整数求和 3 ·········· 155
奇数求和 1 ·········· 156
奇数求和 2 ·········· 157
奇数求和 3 ·········· 158
奇数求和 4 ·········· 159
奇数求和 5 ·········· 160
奇数的交错和 ·········· 161
平方和 1 ·········· 162
平方和 2 ·········· 163
平方和 3 ·········· 164
平方和 4 ·········· 165
平方和 5 ·········· 166
整数求和与平方求和的关系 1 ·········· 167
整数求和与平方求和的关系 2 ·········· 168

目 录 IX

奇数的平方和 ·· 169
立方求和 1 ·· 170
立方求和 2 ·· 171
立方求和 3 ·· 172
点的计数 ·· 173
连续整数的连续和 ··· 174
关于平方数与三角形数的求和式 ·· 175
正方体拼搭 ··· 176
连续奇数的和与立方数 ··· 177
斐波那契数列的平方求和 ·· 178
k 次方可看成连续奇数的和 ·· 179
长方形数的求和 ··· 180
把立方数表示为二重求和 ·· 181
2 的幂 ·· 182
二阶阶乘的和 ·· 183
连续整数求和表达成立方和的形式 ··· 184
关于奇数列的性质（伽利略，1615） ·· 185
伽利略比值 ··· 186
平方数模 3 ·· 187
连续立方数的差模 6 余 1 ··· 188
第 k 个 n-边形数 ·· 189
三角形数的和 ·· 190
五角形数等式 ·· 191
六角形数的和是一个立方和 ··· 192
几何级数 1 ·· 193
几何级数 2 ·· 194
几何级数 3 ·· 195
交错级数 1 ·· 196
交错级数 2 ·· 197
交错级数 3 ·· 198
$\dfrac{1}{1\times 2}+\dfrac{1}{2\times 3}+\dfrac{1}{3\times 4}+\cdots+\dfrac{1}{n(n+1)}+\cdots=1$ 以及它的部分和 ·········· 199

第 7 章 其他 ·· 201
　　点到直线的距离公式 ··· 203

抛物线的反射特性 ·················· 204

单位双曲线围出的等面积区域 ·················· 205

黄金分割数 ·················· 206

$\sqrt{2}$ 是无理数 1 ·················· 207

$\sqrt{2}$ 是无理数 2 ·················· 208

辛普森悖论 ·················· 209

柳卡问题 ·················· 210

一个部分分式分解 ·················· 211

最小面积问题 ·················· 212

递归 ·················· 213

组合恒等式 ·················· 214

一个 Calissons 问题 ·················· 215

文献索引 ·················· 216

第1章 平面几何

勾股定理 1

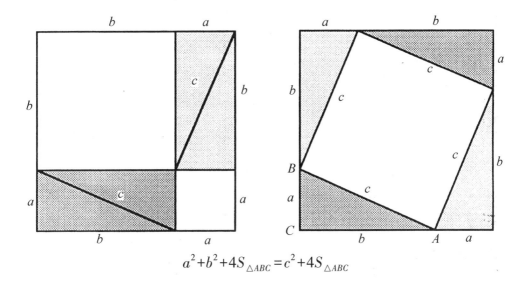

$$a^2+b^2+4S_{\triangle ABC}=c^2+4S_{\triangle ABC}$$

——改编自《周髀算经》(作者不详,大约公元前 200 年?)

勾股定理即直角三角形的两直角边的平方和等于斜边的平方,即 $a^2+b^2=c^2$,也称为毕达哥拉斯定理.

勾股定理 2

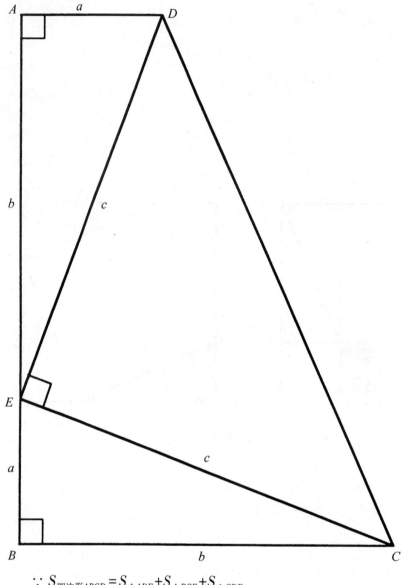

$\because S_{\text{四边形}ABCD} = S_{\triangle ADE} + S_{\triangle BCE} + S_{\triangle CDE}$

$\therefore 2 \times \dfrac{1}{2}ab + \dfrac{1}{2}c^2 = \dfrac{1}{2}(a+b)^2$

$c^2 = a^2 + b^2$

——詹姆斯·A. 加菲尔德（James A. Garfield）（1876）

（第 20 届美国总统）

勾股定理 3

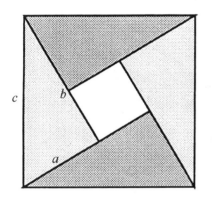
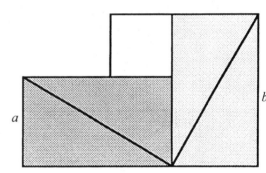

$$c^2 = a^2 + b^2$$

——婆什迦罗（Bhāskara）（12 世纪）

勾股定理 4

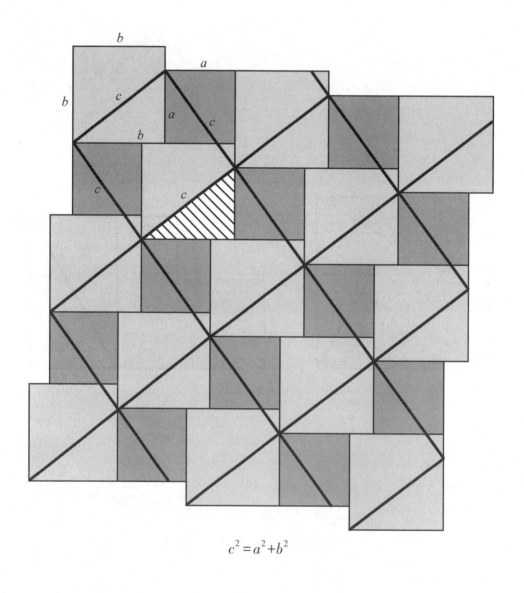

$$c^2=a^2+b^2$$

——阿拉伯的安奈瑞兹（Annairizi）（大约公元 900 年）

勾股定理 5

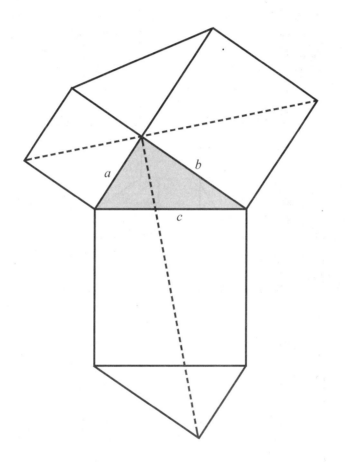

——莱昂纳多·达·芬奇(Leonardo da Vinci)(1452—1519)

勾股定理 6

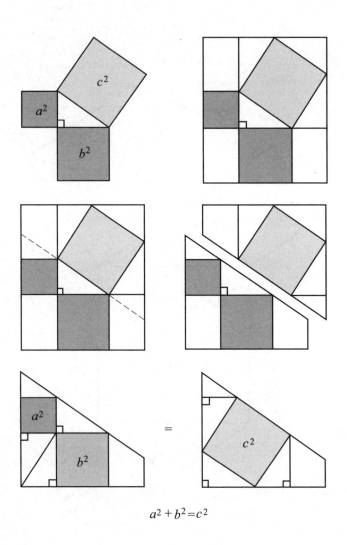

$$a^2 + b^2 = c^2$$

——发现者不详

勾股定理 7

这个勾股定理的证明,是弗兰克·伯克(Frank Burk)证明的变式.

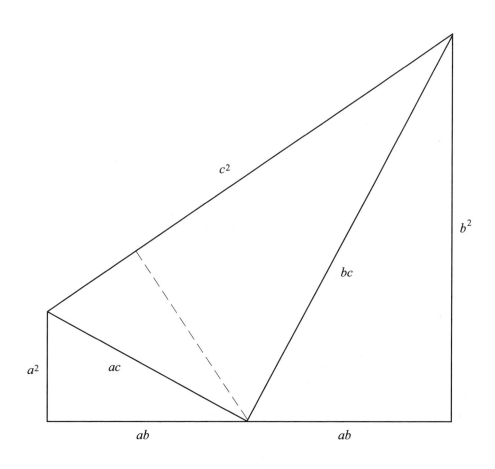

——迈克尔·D. 赫希霍恩(Michael D. Hirschhorn)

注 弗兰克的证明见《数学写真集(第 2 季)》.

勾股定理 8

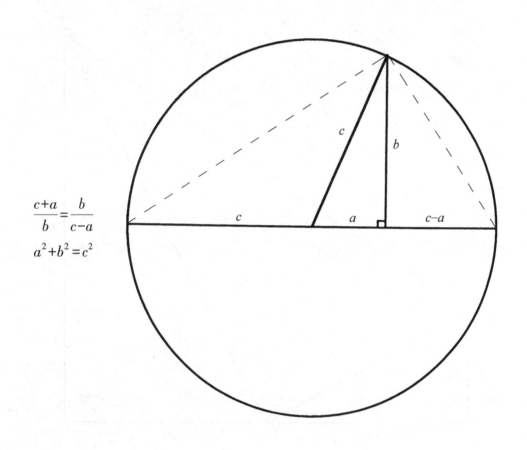

$$\frac{c+a}{b}=\frac{b}{c-a}$$
$$a^2+b^2=c^2$$

——迈克尔·哈代（Michael Hardy）

注 第一个等式是根据相似三角形对应边成比例得到的.

勾股定理 9

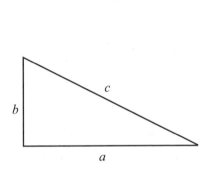
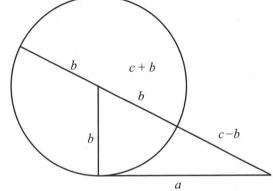

由切割线定理,
$(c-b)(c+b)=a^2$,
所以 $a^2+b^2=c^2$.

——拉里·赫恩(Larry Hoehn)

勾股定理的倒数形式

若 a、b 是直角三角形的直角边，c 是直角三角形的斜边，h 是斜边上的高，则

$$\left(\frac{1}{a}\right)^2+\left(\frac{1}{b}\right)^2=\left(\frac{1}{h}\right)^2.$$

证明

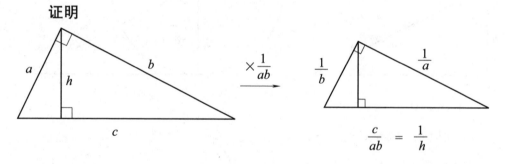

——罗杰·B. 尼尔森（Roger B. Nelsen）

两个正方形和两个三角形

如果两个正方形有一个公共顶点,那么这个点上、下两侧的两个三角形面积相等.

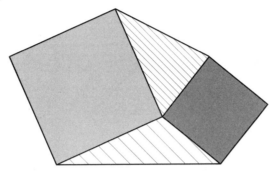

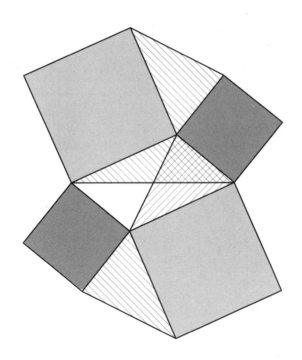

四个面积相等的三角形

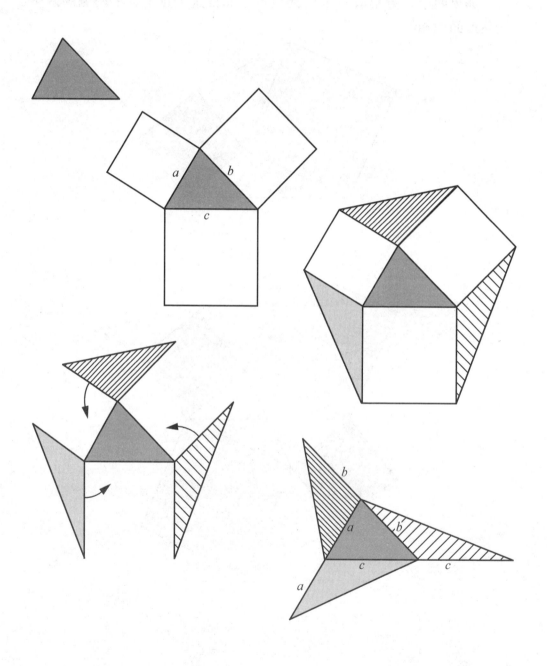

——史蒂文·L. 圣诺威（Steven L. Snover）

勾股定理的推广

给出两个正方形,它们的边长分别是给定平行四边形的两条对角线的长度;再由平行四边形的四条边构成四个正方形,则前两个正方形的面积和等于后四个正方形面积的和.

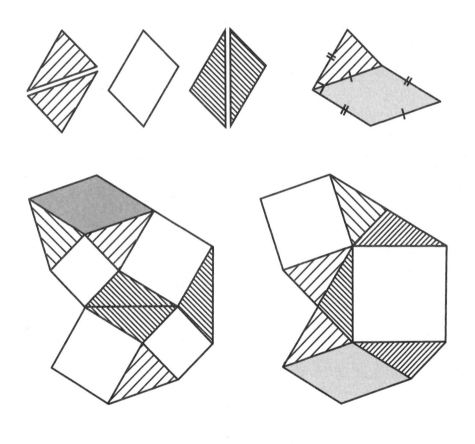

推论　勾股定理(当平行四边形是矩形的时候).

——大卫·S. 怀斯(David S. Wise)

通过平行四边形法则推导中线长公式

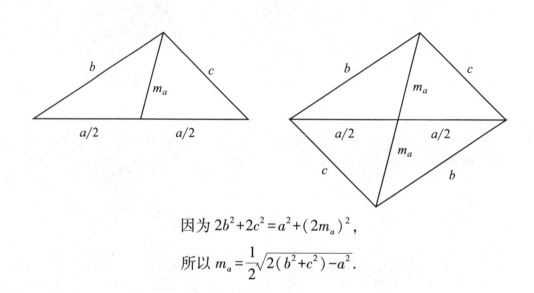

因为 $2b^2+2c^2=a^2+(2m_a)^2$,

所以 $m_a=\dfrac{1}{2}\sqrt{2(b^2+c^2)-a^2}$.

——C. 皮特·罗丝（C. Peter Lawes）

维维亚尼定理 1

定理　等边三角形内的一点到三边的距离之和, 等于三角形的高.

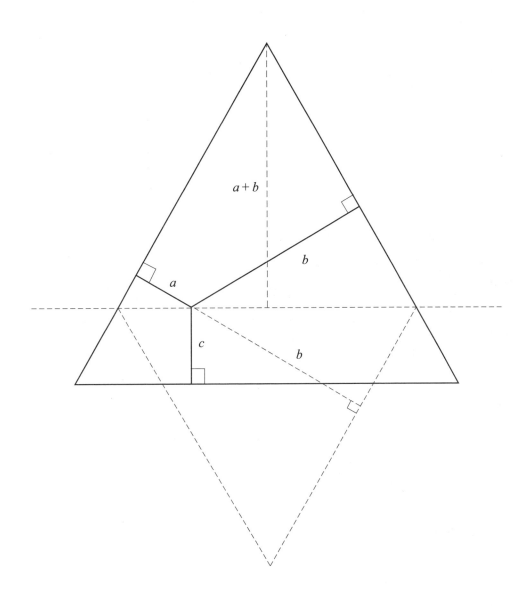

——詹姆斯·坦顿 (James Tanton)

维维亚尼定理 2

定理 等边三角形内一点到三边的距离之和,等于三角形的高.

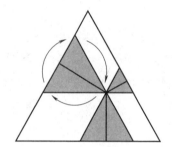 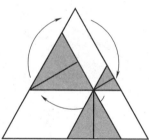 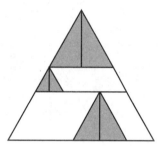

——川崎肯一郎(KEN-ICHIROH KAWASAKI)

希俄斯的希波克拉底定理（大约公元前 440 年）

对一个给定的直角三角形，在其边上构成的半月形的面积等于该三角形的面积.

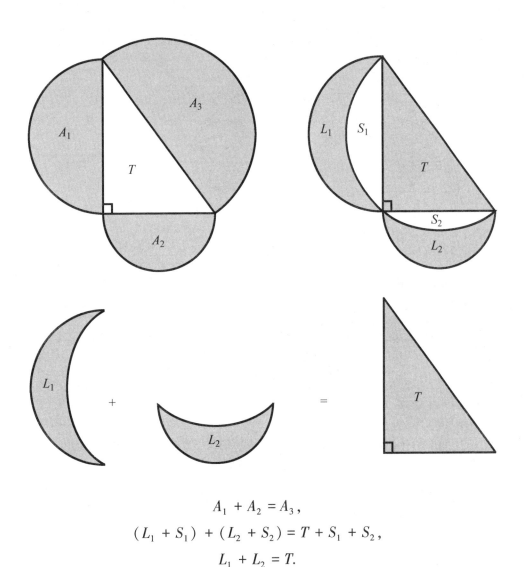

$$A_1 + A_2 = A_3,$$
$$(L_1 + S_1) + (L_2 + S_2) = T + S_1 + S_2,$$
$$L_1 + L_2 = T.$$

——马格伦·A. 尤金（Eugene A. Margerum）
和迈克尔·M. 麦克唐纳（Michael M. McDonnell）

"鞋匠之刀"的面积

定理 设 P、Q、R 是一条直线上的三个点，Q 在 P 和 R 之间. 以 PQ、QR 和 PR 为直径在直线同侧作半圆. "鞋匠之刀"是由上述三个半圆的边界围成的图形. 过 Q 点作 $SQ \perp PR$ 交最大的半圆于点 S，那么"鞋匠之刀"的面积 A 等于以 QS 为直径的圆的面积.（阿基米德，《引理》，命题 4）

证明

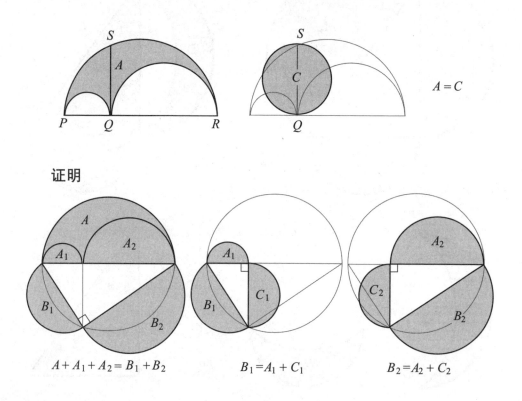

$$A + A_1 + A_2 = A_1 + C_1 + A_2 + C_2,$$
$$\therefore A = C_1 + C_2 = C$$

——罗杰·B. 尼尔森（Roger B. Nelsen）

"盐窖"的面积

定理 设 P、Q、R、S 是一条直线上顺次的四个点，且 $PQ=RS$. 以 PQ、RS、PS 为直径在直线的上方作半圆，另以 QR 为直径在直线的下方作半圆. 盐窖是由这四个半圆的边界围成的图形. 设"盐窖"的对称轴与其边界交于点 M 和 N，那么该图形的面积 A 等于以 MN 为直径的圆的面积 C.（阿基米德，《引理》，命题 14）

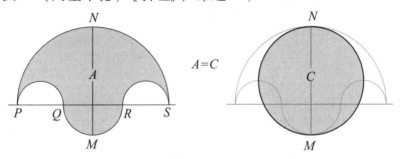

证明

1.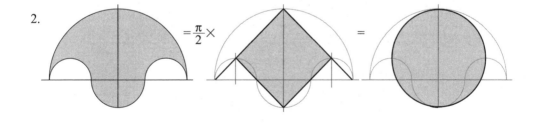

——罗杰·B. 尼尔森（Roger B. Nelsen）

圆里和半圆里的正方形

如果一个圆和一个半圆的半径相同,那么半圆的内接正方形的面积等于圆内接正方形面积的 $\dfrac{2}{5}$.

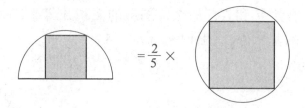

证明

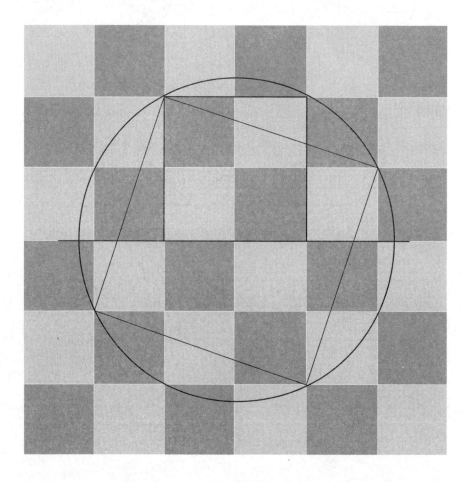

——罗杰·B. 尼尔森(Roger B. Nelsen)

四个月牙形的面积之和等于一个正方形的面积

定理 如果一个正方形内接于圆,以它的四条边为直径向外作四个半圆,那么四个月牙形的面积之和等于正方形的面积.(希俄斯的希波克拉底,约公元前 440 年)

证明

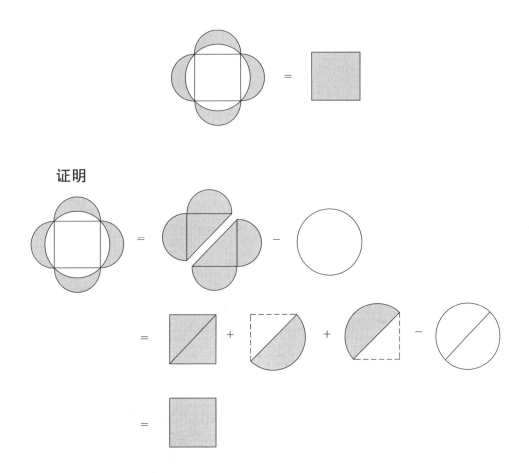

月牙形和正六边形

定理 如果一个正六边形内接于圆,以它的 6 条边为直径向外作 6 个半圆,那么正六边形的面积等于 6 个月牙形的面积加上一个以正六边形边长为直径的圆的面积.

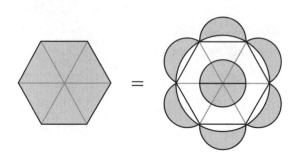

证明

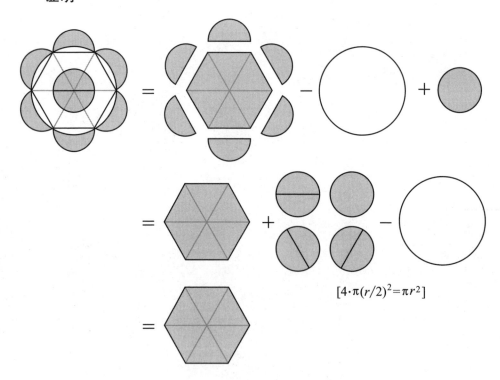

$[4 \cdot \pi(r/2)^2 = \pi r^2]$

——罗杰·B. 尼尔森(Roger B. Nelsen)

由三角形的中线构成的三角形的面积等于原三角形面积的 $\frac{3}{4}$

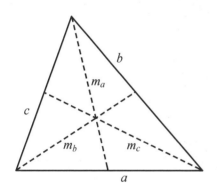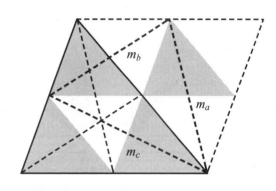

$$面积(\triangle m_a m_b m_c) = \frac{3}{4} 面积(\triangle abc)$$

——诺伯特·昂格比勒（Norbert Hungerbühler）

三角形的等分切割与重组

连接三角形各边的三等分点与对角顶点所围成的内三角形的面积等于原三角形面积的 $\frac{1}{7}$.

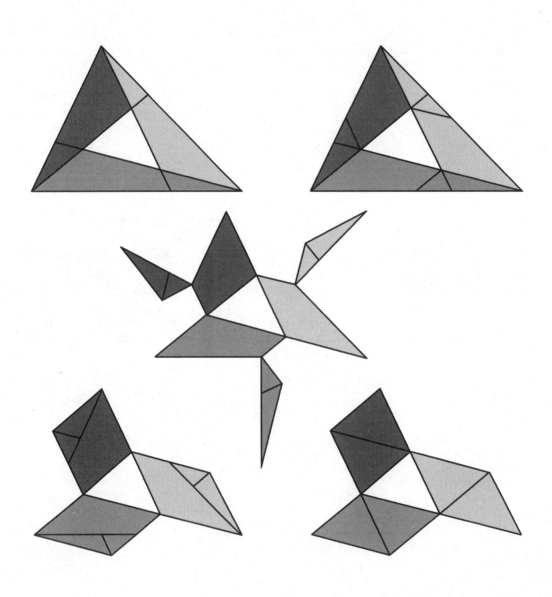

——威廉·约翰斯顿和乔·肯尼迪
(William Johnston and Joe Kennedy)

内含正方形的正方形

连接正方形的各顶点与对边的中点（如图所示），则

$$小正方形的面积 = \frac{1}{5} 大正方形的面积.$$

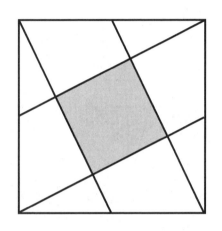

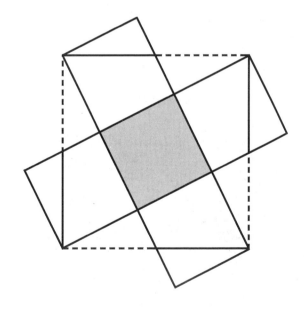

正六边形面积的 $\dfrac{1}{13}$

如下图所示，$ABCDEF$ 是正六边形，$A', B', \cdots, F'$ 分别是各边中点，连接 $AC', BD', \cdots, FB'$，在中间形成一个小正六边形 $abcdef$，它的面积是大正六边形 $ABCDEF$ 的 $\dfrac{1}{13}$.

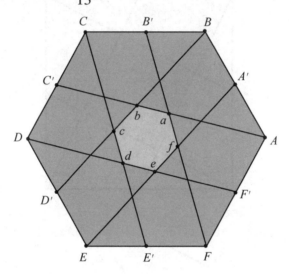

证明

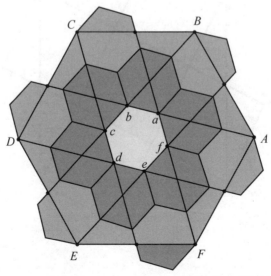

——瑞克·马布里（Rick Mabry）

正八边形面积的 $\dfrac{1}{3}$

设 $A_1A_2A_3A_4A_5A_6A_7A_8$ 是正八边形,并规定 $A_0=A_8$,$A_9=A_1$,$A_{10}=A_2$. 对于 $j=1,2,\cdots,8$,令 M_j 为 A_jA_{j+1} 的中点,再设 A'_j 是线段 A_jM_{j+2} 和 $A_{j-1}M_{j+1}$ 的交点. 那么小正八边形 $A'_1A'_2A'_3A'_4A'_5A'_6A'_7A'_8$ 的面积是最初大正八边形的 $\dfrac{1}{3}$.

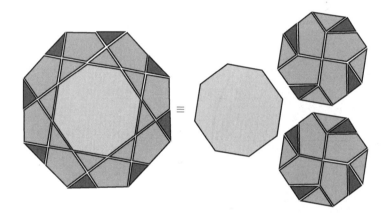

——瑞克·马布里(Rick Mabry)

普特南八角形的面积

(1978 年第 39 届威廉·洛威尔普特南数学竞赛, 问题 B1)
(Problem B1, 39th Annual William Lowell Putnam Mathematical Competition, 1978)

若一个凸八边形内接于一个圆, 且其有连续的 4 条边的长为 3 个单位长, 剩下 4 条边的边长均为 2 个单位长, 求该凸八边形的面积. 给出该结果的 $r+s\sqrt{t}$ 的形式, 其中 r, s 和 t 均为正整数.

解

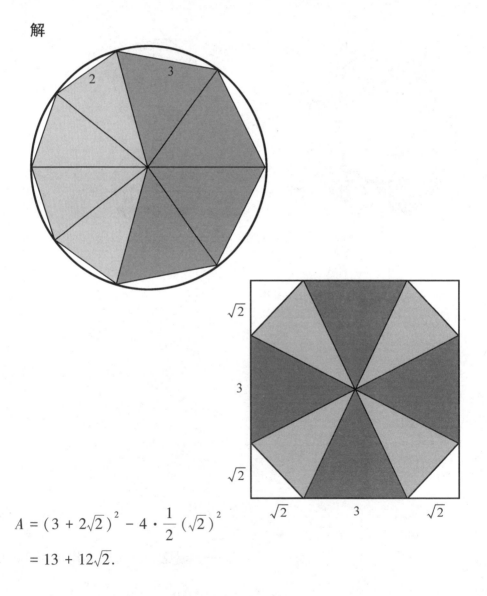

$$A = (3+2\sqrt{2})^2 - 4 \cdot \frac{1}{2}(\sqrt{2})^2$$
$$= 13 + 12\sqrt{2}.$$

正十二边形的面积 1

外接圆半径为 1 的正十二边形的面积为 3.

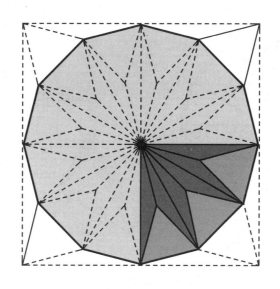

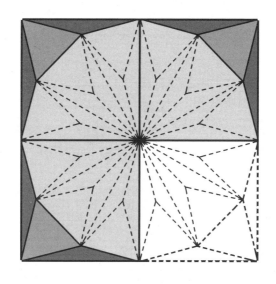

——屈尔沙克（J. Kürschák）

正十二边形的面积 2

定理 单位圆的内接正十二边形的面积为 3.

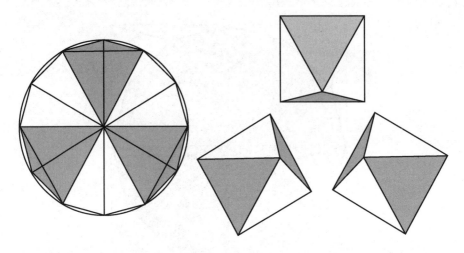

——罗杰·B. 尼尔森(Roger B. Nelsen)

带有锐角 $\frac{\pi}{12}$ 的直角三角形的面积

一个直角三角形的面积 = $\frac{1}{8}$(斜边)^2 当且仅当其有一个锐角为 $\pi/12$.

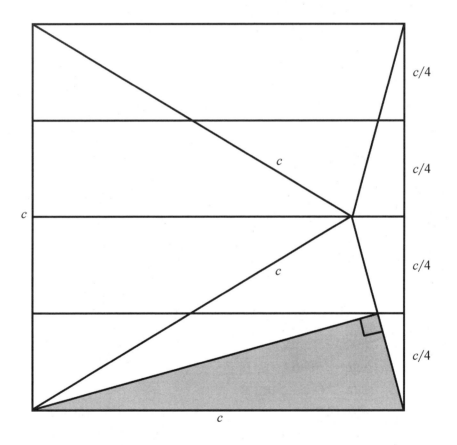

——克拉拉·品特（Klara Pinter）

托勒密定理 1

圆内接四边形中,对角线长度的乘积等于对边长度乘积之和.

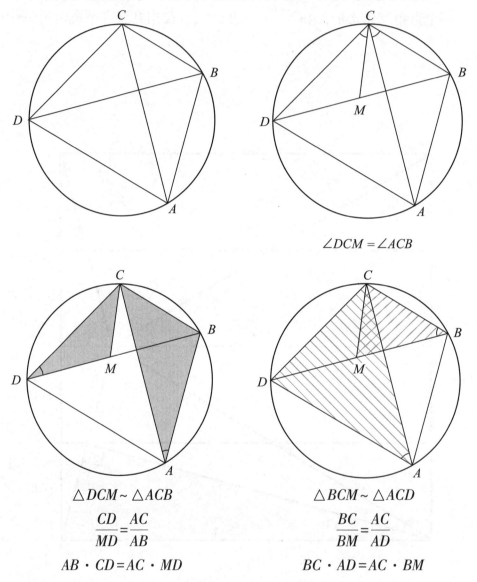

$\angle DCM = \angle ACB$

$\triangle DCM \sim \triangle ACB$

$$\frac{CD}{MD} = \frac{AC}{AB}$$

$AB \cdot CD = AC \cdot MD$

$\triangle BCM \sim \triangle ACD$

$$\frac{BC}{BM} = \frac{AC}{AD}$$

$BC \cdot AD = AC \cdot BM$

$\therefore AB \cdot CD + BC \cdot AD = AC(MD + BM) = AC \cdot BD.$

——亚历山大的托勒密(Ptolemy of Alexandria)(约公元 90—168 年)

托勒密定理 2

圆内接四边形中,对角线长度的乘积等于对边长度乘积之和.

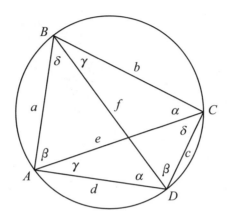

$\alpha + \beta + \gamma + \delta = 180°$.

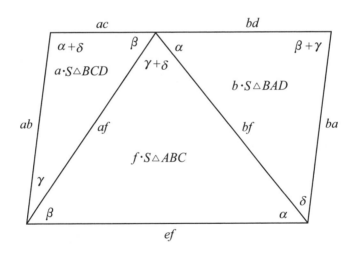

$\therefore ef = ac + bd$.

——威廉·德里克,詹姆斯·希尔施泰因
(William Derrick & James Hirstein)

通过托勒密定理证明勾股定理

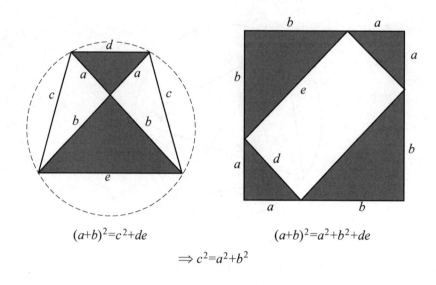

$(a+b)^2=c^2+de$ $(a+b)^2=a^2+b^2+de$

$\Rightarrow c^2=a^2+b^2$

——许南谷（Nam Gu Heo）

托勒密不等式

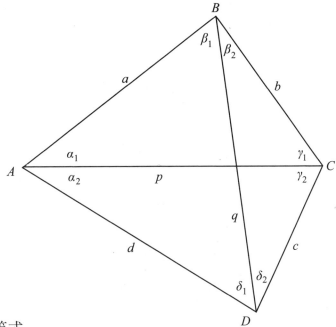

托勒密不等式:

若凸四边形边长顺次分别为 a、b、c、d,对角线长为 p、q,则 $pq \leqslant ac+bd$.

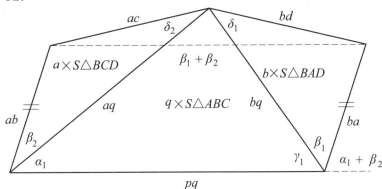

注 上图的 $\delta_2+\beta_1+\beta_2+\delta_1$ 小于 π,而折线段 $ac+bd$ 至少与平行四边形边长 pq 相等,对于圆内接四边形即 $\delta_2+\beta_1+\beta_2+\delta_1=\pi$ 时等号成立. 可以得到托勒密定理. 若圆内接凸四边形四条边长顺次为 a、b、c、d 对角线长为 p、q,则 $pq=ac+bd$.

——克罗迪·阿尔西纳和罗杰·B. 尼尔森(Clandi Alsina and Roger B. Nelsen)

三角形的面积和外接圆的半径

若 K, a、b、c, R 分别表示一个三角形的面积、三边长以及外接圆半径,那么

$$K = \frac{abc}{4R}.$$

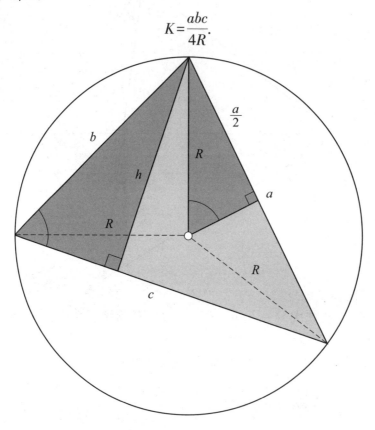

$$\frac{h}{b} = \frac{a/2}{R} \implies h = \frac{1}{2} \cdot \frac{ab}{R},$$

$$\therefore K = \frac{1}{2}hc = \frac{1}{4} \cdot \frac{abc}{R}.$$

直角三角形的面积

定理 直角三角形的面积 K 等于其斜边被内切圆切点所分的两条线段的长度乘积.

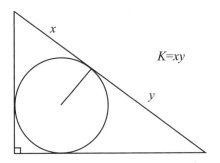

$K = xy$

证明

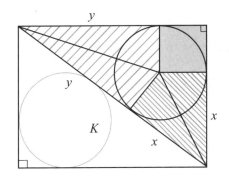
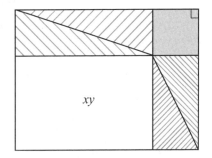

——罗杰·B. 尼尔森（Roger B. Nelsen）

直角三角形的内切圆半径

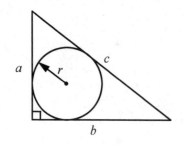

I. $r = \dfrac{ab}{a+b+c}$

II. $r = \dfrac{a+b-c}{2}$

I. $ab = r(a+b+c)$

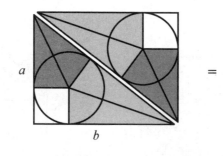

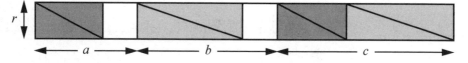

——刘徽（Liu Hui）（公元 3 世纪）

II. $c = a+b-2r$

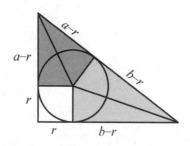

一个关于直角三角形的恒等式

定理 设三角形的半周长、内切圆半径、外接圆半径分别为 s,r,R,则在直角三角形中,有 $s=r+2R$.

证明

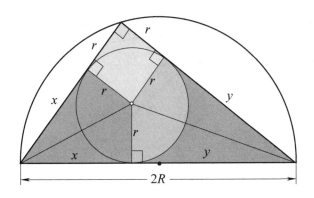

一般地,在锐角三角形中,有 $s>r+2R$;在钝角三角形中,有 $s<r+2R$,而 $s=r+2R$ 则是直角三角形的特征.

——罗杰·B. 尼尔森(Roger B. Nelsen)

等腰三角形的分割

每个三角形可以分割为 4 个等腰三角形.

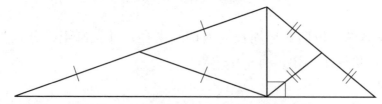

每个锐角三角形均可以分割为 3 个等腰三角形.

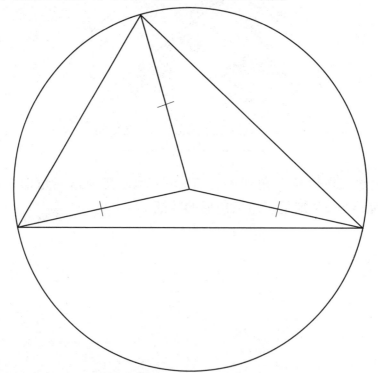

一个三角形可以分割为 2 个等腰三角形当且仅当这个三角形有一个角是另一个角的 3 倍或者这个三角形是直角三角形.

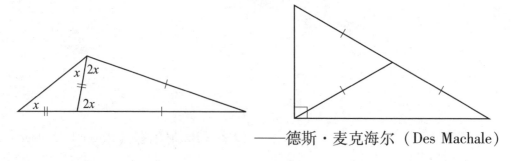

——德斯·麦克海尔（Des Machale）

每个三角形均可以分割为 6 个等腰三角形

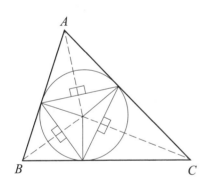
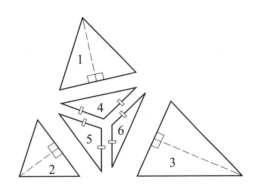

——安赫尔·普拉萨(Angel Plaza)

等边三角形内切圆的半径

等边三角形内切圆的半径等于三角形的高的 $\frac{1}{3}$.

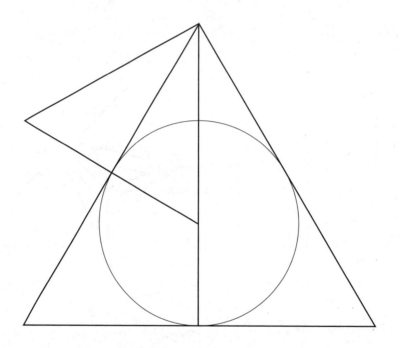

——东北大学 2004 年夏季几何系列课程报告人（Participants of the Summer Institute Series. 2004 Geometry Course）.

有 60°角的三角形的优美性质

在△ABC 中，∠A = 60°，∠B 和 ∠C 的平分线 BM，CN 交于点 O，那么 OM = ON．

证明

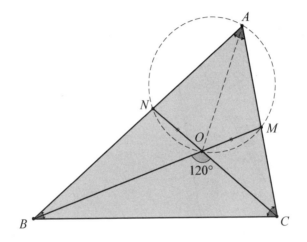

练习 试证 $OM = ON = \sqrt{\dfrac{1}{3}(a^2+b^2-ab)}$，其中 $a = AM$，$b = AN$．

——维克多·奥克斯曼、摩西·斯图佩尔（Victor Oxman，Moshe Stupel）

范·霍腾定理

下图所示是等边三角形 ABC 及其外接圆,P 是劣弧 BC 上一点,那么 $PA=PB+PC$.

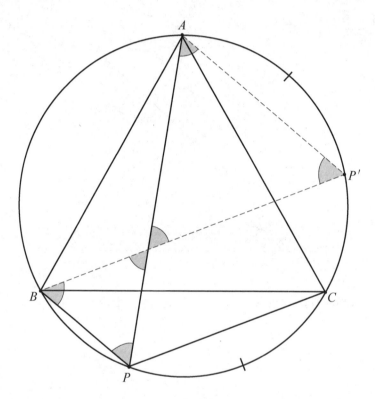

——雷蒙德·维廖内(Raymond Viglione)

一个正方形的诞生

定理 给定一个平行四边形,以它的四条边为边分别向外作正方形,如图 4 所示. 依次连接相邻两个正方形的非公共顶点并取连线的中点,这四个中点依然构成一个正方形.

证明

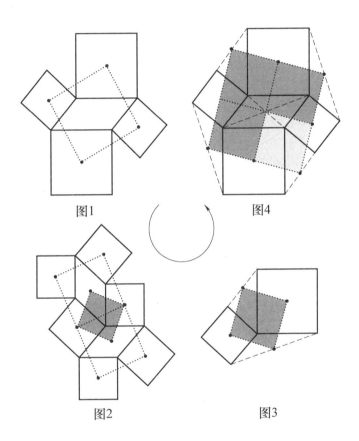

图1　　　图4

图2　　　图3

——B. 格里沃扬尼斯(B. Grivoyannis)、雷蒙德·维廖内(Raymond Viglione)

等腰直角三角形的优美性质

给定等腰直角三角形 ABC，$\angle A = 90°$，D 在 CB 延长线上且 $AD = BC$，那么 $\angle ADB = 30°$.

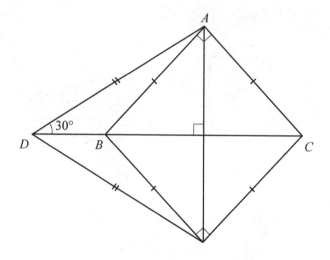

——维克多·奥克斯曼、摩西·斯图佩尔（Victor Oxman, Moshe Stupel）

正方形内接四边形的最小周长

定理 $ABCD$ 是一个正方形，点 M，N，O，P 分别在边 AB，BC，CD，DA 上，那么

$$MN+NO+OP+PM \geqslant 2BD.$$

证明 当 $MNOP$ 是矩形时，其周长取到最小值，如下图所示.

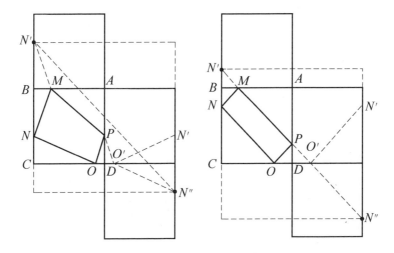

——安赫尔·普拉萨（Angel Plaza）

瓦里尼翁定理

任给一个四边形，以它的四条边的中点为顶点构成的平行四边形称为瓦里尼翁平行四边形.

定理 一个凸四边形的瓦里尼翁平行四边形的面积是原四边形面积的一半. 瓦里尼翁平行四边形的周长等于原四边形对角线长度之和.

证明 设 G 是 BD 中点.

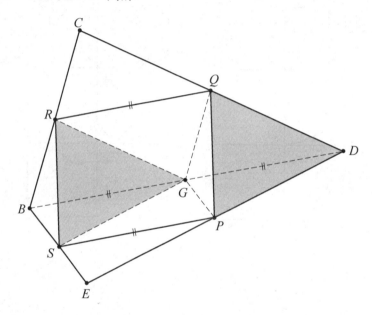

——阿利克·帕拉特尼克（Alik Palatnik）

正星形多边形的顶角度数之和

$\{p/q\}$ 正星形多边形是指圆上平均分布 p 个点,所有相隔 q 段弧的两个点相连所得到的星形多边形. 其中 $1<q<\dfrac{p}{2}$.

定理 $\{p/q\}$ 正星形多边形的顶角度数之和为 $180p-360q$.

证明 以 $\{7/2\}$ 为例.

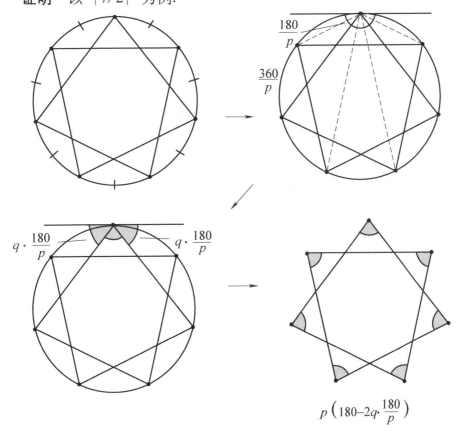

——马修·雅库博斯基(Matthew Jakubowski)、
雷蒙德·维廖内(Raymond Viglione)

等边三角形披萨的平分问题

对于等边三角形披萨内任意一点，把它与三个顶点相连，并从该点作三边的垂线段，把披萨分成 6 块，那么图中阴影部分和空白部分的披萨大小相等（面积平分），披萨边的长度也相等（周长平分）.

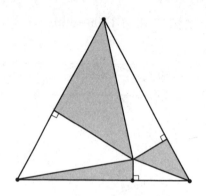
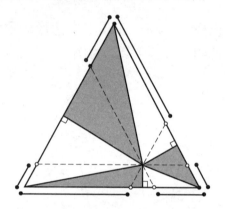

——格雷戈瓦·尼科利尔（Grégoire Nicollier）

和为 45° 的角

[美国数学协会伊利诺斯分部（ISMAA）2001 年学生数学竞赛，问题 3]

设 $ABCD$ 为正方形，n 是正整数. X_1、X_2、$\cdots$、X_n 是 BC 边上的点，且 $BX_1 = X_1X_2 = \cdots = X_{n-1}X_n = X_nC$. 设 Y 在 AD 边上满足 $AY = BX_1$，求下式的值.

$$\angle AX_1Y + \angle AX_2Y + \cdots + \angle AX_nY + \angle ACY.$$

解：角度和为 45°，下面对 $n = 4$ 的情况进行证明.

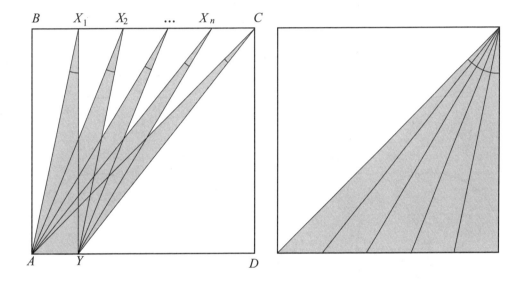

三等分一条线段

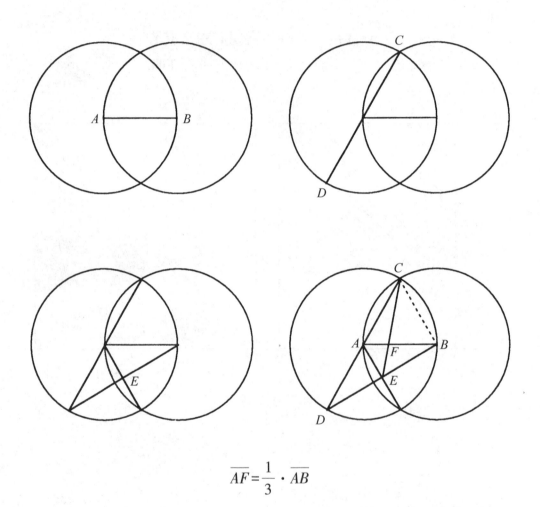

$$\overline{AF} = \frac{1}{3} \cdot \overline{AB}$$

——斯科特·科布尔（Scott Coble）

第1章 平面几何

五角星的顶角和为 180°

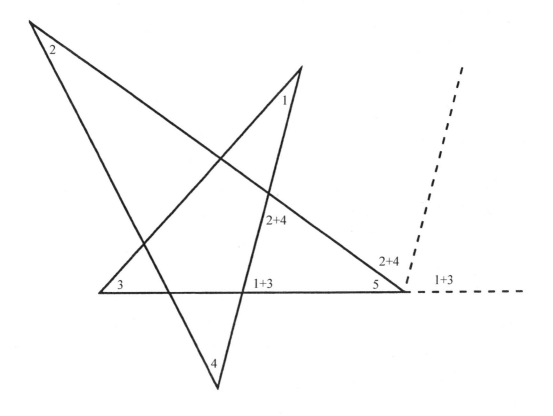

——福阿德·纳克里（Fouad Nakhli）

长度相等的弦和切线段

如果圆 C_1 通过圆 C_2 的中心 O,弦 $\overline{PQ}$ 的长度等于切线段 $\overline{PR}$ 的长度.

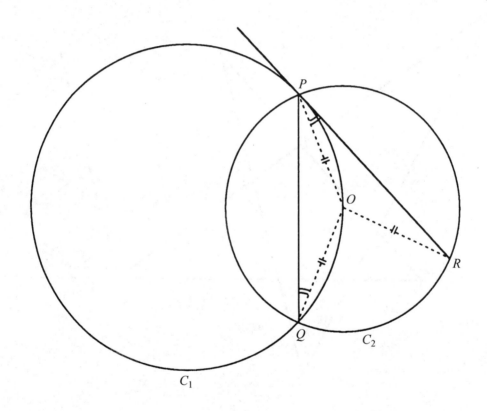

——罗兰·H. 埃迪(Roland H. Eddy)

三圆定理

给定三个外部互不相交的圆,将其中任一对圆的公共切线的交点与第三个圆的圆心连接起来,则产生的三条线段相交于一点.

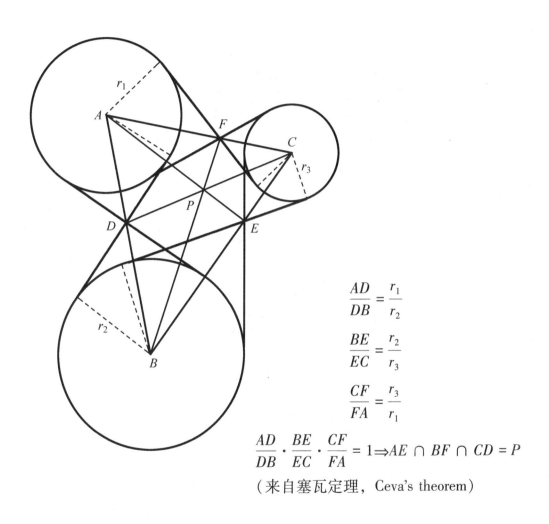

$$\frac{AD}{DB} = \frac{r_1}{r_2}$$

$$\frac{BE}{EC} = \frac{r_2}{r_3}$$

$$\frac{CF}{FA} = \frac{r_3}{r_1}$$

$$\frac{AD}{DB} \cdot \frac{BE}{EC} \cdot \frac{CF}{FA} = 1 \Rightarrow AE \cap BF \cap CD = P$$

(来自塞瓦定理,Ceva's theorem)

——胡·R.S(R. S. Hu)

一条固定的弦

设两圆 Q 和 R 相交于 A 和 B 两点. 圆 R 外的圆 Q 的弧上的一点 P 分别连接到 A、B 上,从而确定了圆 R 的弦 CD. 试证明无论点 P 选在弧上的哪点,弦 CD 的长都不变.

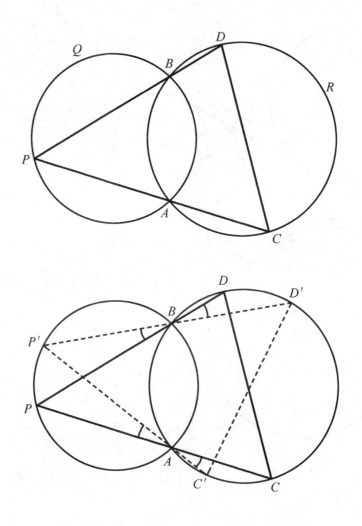

$$\angle C'AC = \angle P'AP = \angle P'BP = \angle D'BD$$

$$\overset{\frown}{C'C} = \overset{\frown}{D'D}, \quad \overset{\frown}{C'D'} = \overset{\frown}{CD}$$

$$C'D' = CD$$

第 2 章 立体几何

三棱锥的体积

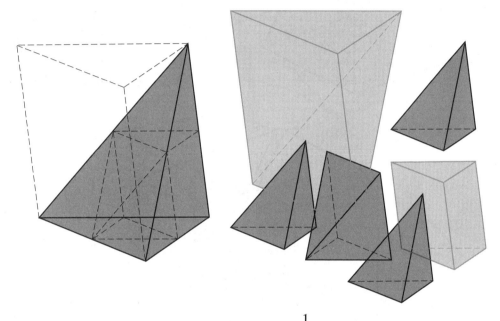

$$V_{柱} = (V_{柱} - V_{锥}) + 3 \times \frac{1}{8} V_{锥}$$

$$+ \frac{1}{8} V_{柱} + \frac{1}{8} (V_{柱} - V_{锥})$$

$$\therefore V_{锥} = \frac{1}{3} V_{柱}$$

——朴普星（Poo-Sung Park）

四棱台的体积

(问题 14,莫斯科纸草,大约公元前 1850 年)

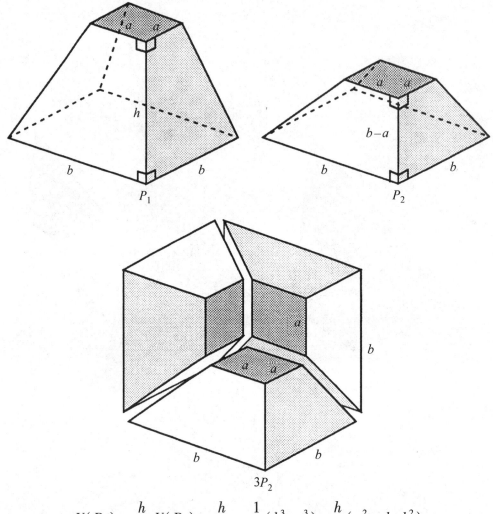

$$V(P_1) = \frac{h}{b-a}V(P_2) = \frac{h}{b-a} \cdot \frac{1}{3}(b^3-a^3) = \frac{h}{3}(a^2+ab+b^2)$$

——罗杰·B. 尼尔森(Roger B. Nelsen)

相关文献

1. BOYER C B. *A History of Mathematics* [M]. New York: John Wiley & Sons, 1968. (pp. 20-22)
2. GILLINGS R J. *Mathematics in the Time of the Pharaohs* [M]. Cambridge: The MIT Press, 1972. (pp. 187-193)

圆台的侧面积

引理 底面半径为 R, 母线长为 s 的圆锥, 其侧面积 $A=\pi Rs$.

证明

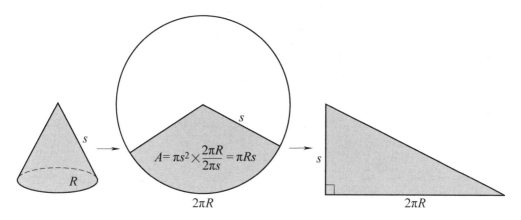

定理 上、下底面半径分别为 r 和 R, 母线长为 s 的圆台, 其侧面积 $A=\pi(r+R)s$.

证明

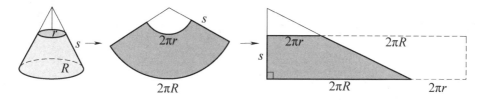

——权美妍（Miyeon Kwon）

第 3 章 代数恒等式

乘法交换律和分配律

1.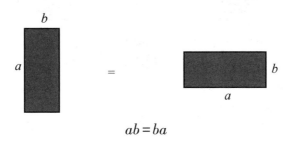

$$ab = ba$$

2.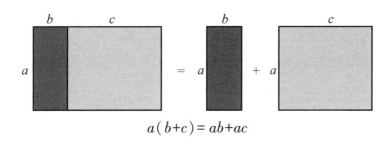

$$a(b+c) = ab + ac$$

乘法公式 1

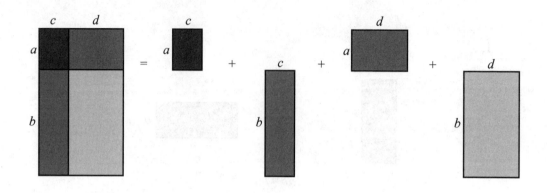

$$(a+b)(c+d) = ac+bc+ad+bd$$

乘法公式 2

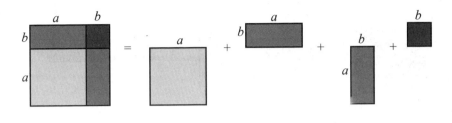

$$(a+b)^2 = a^2 + 2ab + b^2$$

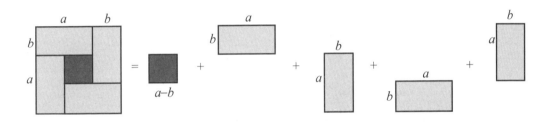

$$(a+b)^2 = (a-b)^2 + 4ab$$

乘法公式 3

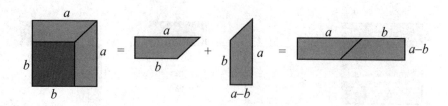

$$a^2 - b^2 = (a+b)(a-b)$$

第 3 章 代数恒等式

乘法公式 4

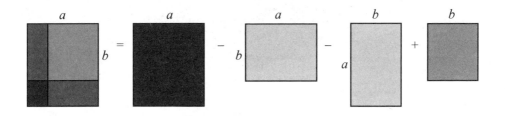

$$(a-b)^2 = a^2 - 2ab + b^2$$

乘法公式 5

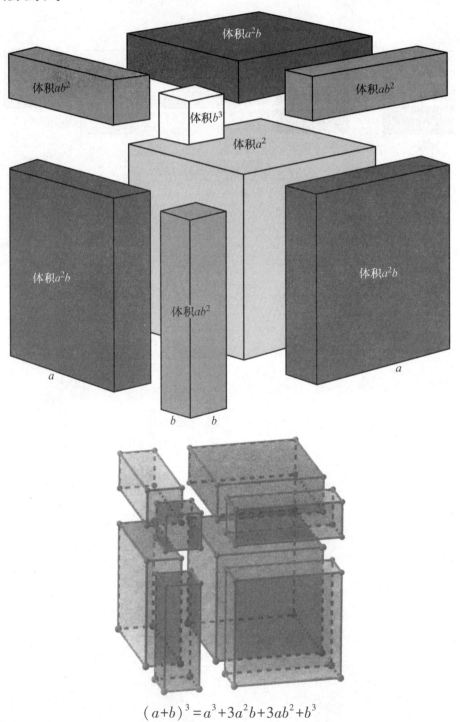

$$(a+b)^3 = a^3 + 3a^2b + 3ab^2 + b^3$$

代数恒等式

$$ax-by=\frac{1}{2}(a+b)(x-y)+\frac{1}{2}(x+y)(a-b)$$

——小林由纪夫（Yukio Kobayashi）

完全平方

$$x^2+ax=(x+a/2)^2-(a/2)^2$$

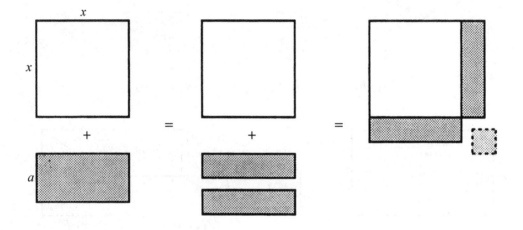

——查里斯·D. 格兰特（Charles D. Gallant）

第3章 代数恒等式

代数面积

$$(a+b)^2+(a-b)^2=2(a^2+b^2)$$

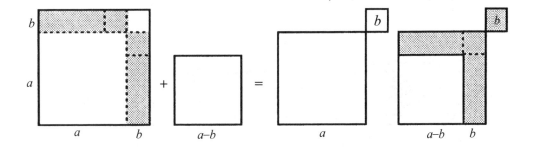

——雪莉·A. 威肯（Shirley Wakin）

配成完全平方

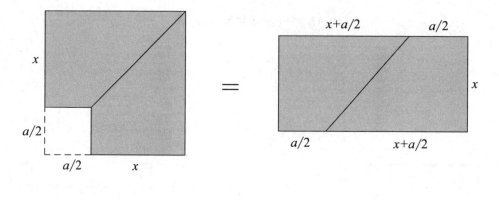

$$\left(x+\frac{a}{2}\right)^2 - \left(\frac{a}{2}\right)^2 = x(x+a) = x^2 + ax.$$

——穆尼尔·马赫穆德（Munir Mahmood）

第3章 代数恒等式

丢番图平方和恒等式

定理 两个正整数,如果其中任何一个都能写成两个完全平方数之和,那么这两个正整数的积也可以表示成两个完全平方数之和,并且这样的表示方法有两种,即

$$(a^2+b^2)(c^2+d^2)=(ac+bd)^2+(ad-bc)^2, \quad (1)$$

以及

$$(a^2+b^2)(c^2+d^2)=(ad+bc)^2+(ac-bd)^2. \quad (2)$$

例如,$65=13\times5=(3^2+2^2)(2^2+1^2)=7^2+4^2=8^2+1^2$.

证明 式(1)不妨设 $ad>bc$,

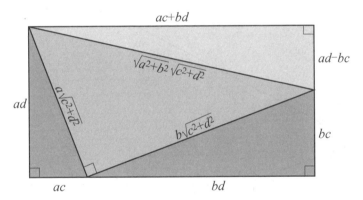

$$(\sqrt{a^2+b^2}\sqrt{c^2+d^2})^2=(ac+bd)^2+(ad-bc)^2.$$

交换图中 c 和 d 的位置即可证明式(2).

——罗杰·B. 尼尔森(Roger B. Nelsen)

索菲·热尔曼恒等式

索菲·热尔曼恒等式在初等数论中应用十分广泛，同时也是数学竞赛中的常用公式. 即
$$a^4+4b^4=(a^2+2ab+2b^2)(a^2-2ab+2b^2), a,b\in\mathbb{R}.$$

证明 先考虑 a, b 均不为 0，且 $a\neq\pm b$ 的情况，即有 $|a+b|\neq 0$，$|a-b|\neq 0$，以及 $|a+b|\neq|a-b|$. 此时，由勾股定理可得下图.

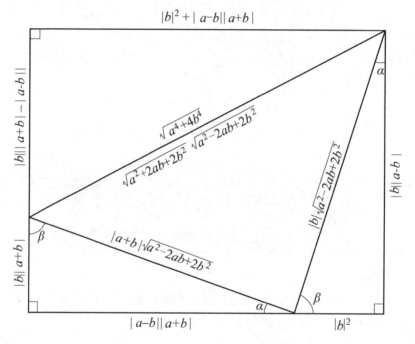

索菲·热尔曼恒等式的直观验证

其余情况（$a=0$ 或 $b=0$ 或 $a=\pm b$）都是平凡的，至此我们完成了证明.

——塞缪尔·G. 莫雷诺（Samuel G. Moreno）、
埃丝特·M. 加西亚-卡瓦列罗（Esther M. García-Caballero）

第4章　不　等　式

算术平均数与几何平均数之间的不等式 1

$$\frac{a+b}{2} \geqslant \sqrt{ab}, \text{当且仅当 } a=b \text{ 时，等式成立}.$$

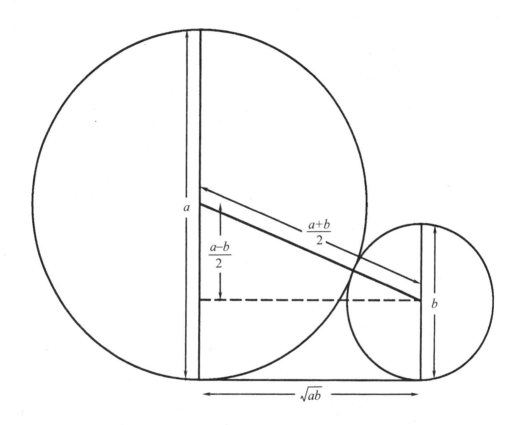

——罗兰·H. 埃迪（Roland H. Eddy）

算术平均数与几何平均数之间的不等式 2

$$a, b > 0 \implies \frac{a+b}{2} \geq \sqrt{ab}$$

I.

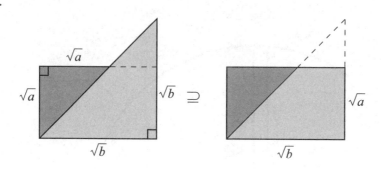

$$\frac{a}{2} + \frac{b}{2} \geq \sqrt{ab}.$$

——埃德温·贝肯巴克，理查德·贝尔曼
（Edwin Beckenbach & Richard Bellman）

II.

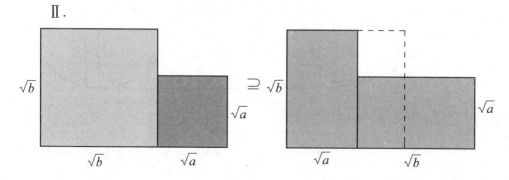

$$a + b \geq 2\sqrt{ab}.$$

——阿菲尼尔·弗洛雷斯（Alfinio Flores）

算术平均数与几何平均数之间的不等式 3

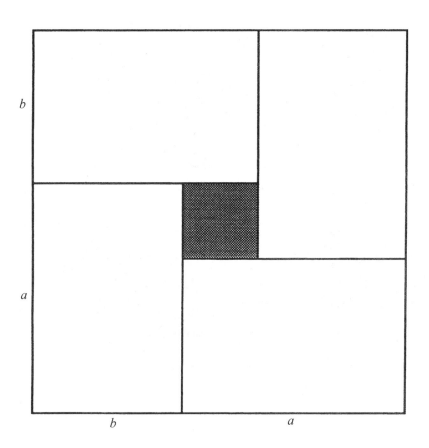

$$(a+b)^2-(a-b)^2=4ab$$
$$\frac{a+b}{2} \geqslant \sqrt{ab}$$

——多丽丝·沙特施奈德（Doris Schattschneider）

算术平均数与几何平均数之间的不等式 4

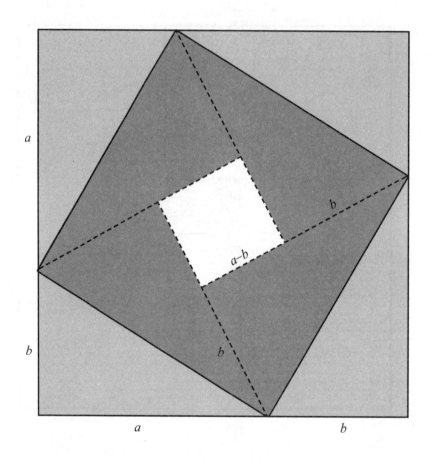

$$(a+b)^2 \geqslant 4ab \Rightarrow \frac{a+b}{2} \geqslant \sqrt{ab}$$

——阿尤伯·B. 阿尤伯（Ayoub B. Ayoub）

算术平均数与几何平均数之间的不等式 5

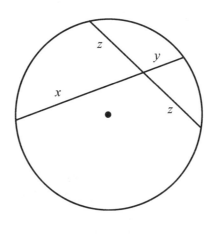

$$z^2 = xy$$

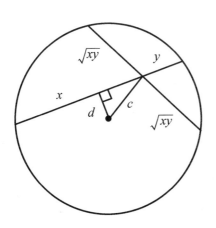
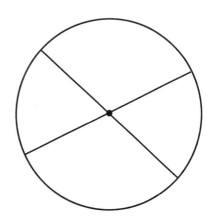

$d < c \Rightarrow x + y > 2\sqrt{xy}$ $d = c = 0 \Rightarrow x + y = 2\sqrt{xy}$

——西尼·H. 昆（Sidney H. Kung）

算术平均数与几何平均数之间的不等式 6（通过三角函数证明）

Ⅰ. $x \in (0, \pi/2) \implies \tan x + \cot x \geq 2$.

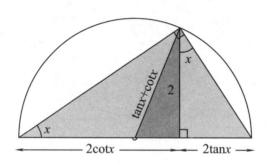

Ⅱ. $a, b > 0 \implies \dfrac{a+b}{2} \geq \sqrt{ab}$.

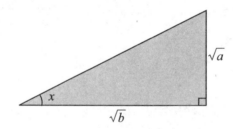

$\dfrac{\sqrt{a}}{\sqrt{b}} + \dfrac{\sqrt{b}}{\sqrt{a}} \geq 2 \implies \dfrac{a+b}{2} \geq \sqrt{ab}$.

——罗杰·B. 尼尔森（Roger B. Nelsen）

算术平均数、几何平均数、调和平均数之间的不等式

$$a, \ b > 0 \Rightarrow \frac{a+b}{2} \geq \sqrt{ab} \geq \frac{2ab}{a+b}$$

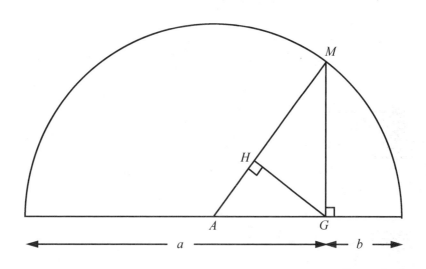

$$\overline{AM} = \frac{a+b}{2}, \quad \overline{GM} = \sqrt{ab}, \quad \overline{HM} = \frac{2ab}{a+b},$$

$$\overline{AM} \geq \overline{GM} \geq \overline{HM}.$$

——亚历山大的帕普斯（Pappus of Alexandria）（大约公元 320 年）

调和平均数、几何平均数、算术平均数、平方平均数之间的不等式

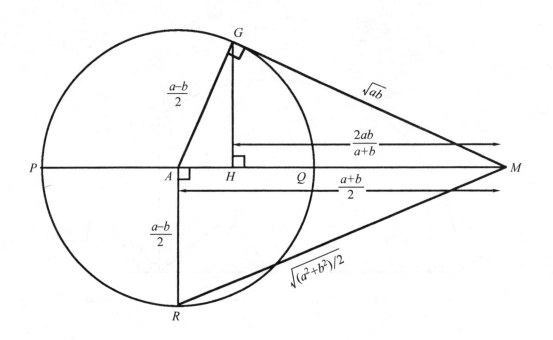

$PM=a$，$QM=b$，$a>b>0$

$HM<GM<AM<RM$

$$\frac{2ab}{a+b}<\sqrt{ab}<\frac{a+b}{2}<\sqrt{\frac{a^2+b^2}{2}}$$

——罗杰·B. 尼尔森（Roger B. Nelsen）

第4章 不等式

算术平均数、对数平均数、几何平均数之间的不等式

$$b > a > 0 \Rightarrow \frac{a+b}{2} \geqslant \frac{b-a}{\ln b - \ln a} \geqslant \sqrt{ab}$$

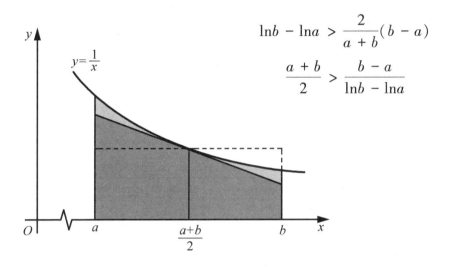

$$\ln b - \ln a > \frac{2}{a+b}(b-a)$$

$$\frac{a+b}{2} > \frac{b-a}{\ln b - \ln a}$$

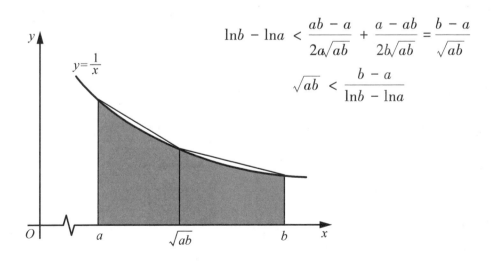

$$\ln b - \ln a < \frac{ab-a}{2a\sqrt{ab}} + \frac{a-ab}{2b\sqrt{ab}} = \frac{b-a}{\sqrt{ab}}$$

$$\sqrt{ab} < \frac{b-a}{\ln b - \ln a}$$

——罗杰·B. 尼尔森(Roger B. Nelsen)

平方平均数、算术平均数、几何平均数、调和平均数之间的不等式

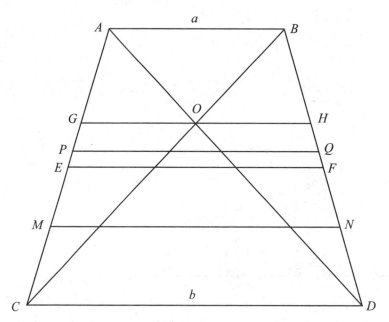

注 设 $0<a<b$，构造梯形（如图所示）. $AB/\!/GH/\!/PQ/\!/EF/\!/MN/\!/CD$，且 GH 的中点是梯形对角线的交点，令 $AB=a$，$CD=b$，则 $\dfrac{\frac{1}{2}GH}{a}+\dfrac{\frac{1}{2}GH}{b}=1\Rightarrow GH=\dfrac{2ab}{a+b}$；梯形 $ABQP\sim$ 梯形 $PQDC\Rightarrow\dfrac{a}{PQ}=\dfrac{PQ}{b}\Rightarrow PQ=\sqrt{ab}$；$EF=\dfrac{a+b}{2}$；$S_{\text{梯形}ABNM}=S_{\text{梯形}MNDC}\Rightarrow(a+MN)\times(MN-a)=(b+MN)\times(b-MN)\Rightarrow MN=\sqrt{\dfrac{a^2+b^2}{2}}$.

$MN\geqslant EF\geqslant PQ\geqslant GH$，即 $\sqrt{\dfrac{a^2+b^2}{2}}\geqslant\dfrac{a+b}{2}\geqslant\sqrt{ab}\geqslant\dfrac{2ab}{a+b}$.

——仓万林（Wanlin Cang）

第4章 不 等 式

一组基本不等式的证明

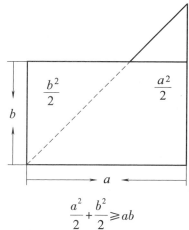

$\dfrac{a^2}{2}+\dfrac{b^2}{2}\geqslant ab$

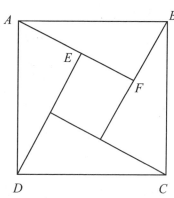

$AF=a, AE=b, S_{ABCD}\geqslant 4S_{AFB}, a^2+b^2\geqslant 2ab.$

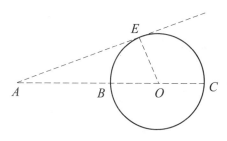

$AB=a, AC=b, AE=\sqrt{ab},$

$AO=\dfrac{a+b}{2},$ 由 $AE\leqslant AO$ 得到 $\sqrt{ab}\leqslant\dfrac{a+b}{2}.$

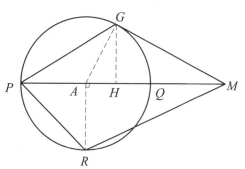

$PM=a, QM=b, a>b>0,$

$RM>AM>GM>HM,$

$\sqrt{\dfrac{a^2+b^2}{2}}\geqslant\dfrac{a+b}{2}\geqslant\sqrt{ab}\geqslant\dfrac{2}{a^{-1}+b^{-1}}.$

——张思明（Siming Zhang）

柯西-施瓦茨不等式 1

第 20 届美国总统詹姆斯·艾布拉姆·加菲尔德在就任总统的 5 年前，也就是 1876 年，给出了勾股定理的一种证明. 他的思路是用两种方法计算下图所示梯形的面积.

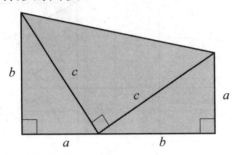

他的思路也可以证明柯西-施瓦茨不等式.

定理 设 a, b, c, d 为实数，则有
$$|ac+bd| \leq \sqrt{a^2+b^2}\sqrt{c^2+d^2}.$$

证明

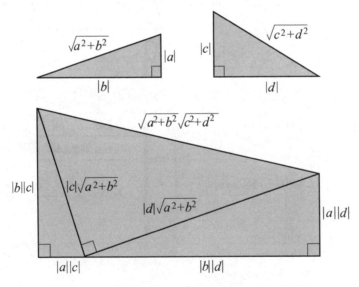

$$|ac+bd| \leq |a||c|+|b||d| \leq \sqrt{a^2+b^2}\sqrt{c^2+d^2}.$$

——克劳迪·阿尔西纳（Claudi Alsina）、罗杰·B. 尼尔森（Roger B. Nelsen）

第4章 不等式

柯西-施瓦茨不等式 2

$$|\langle a,b \rangle \cdot \langle x,y \rangle| \leq \|\langle a,b \rangle\| \cdot \|\langle x,y \rangle\|$$

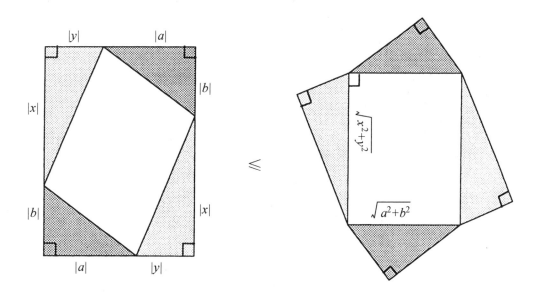

$$(|a|+|y|)(|b|+|x|) \leq 2\left(\frac{1}{2}|a||b|+\frac{1}{2}|x||y|\right)+\sqrt{a^2+b^2}\sqrt{x^2+y^2}$$

$$\therefore |ax+by| \leq |a||x|+|b||y| \leq \sqrt{a^2+b^2}\sqrt{x^2+y^2}$$

——罗杰·B. 尼尔森（Roger B. Nelsen）

柯西-施瓦茨不等式 3

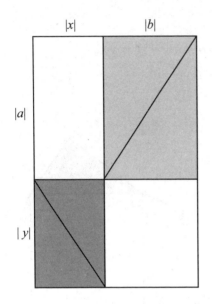
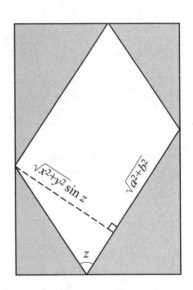

$$|a||x|+|b||y|=\sqrt{a^2+b^2}\sqrt{x^2+y^2}\sin z$$
$$\Rightarrow |\langle a,b\rangle \cdot \langle x,y\rangle| \leq |\langle a,b\rangle||\langle x,y\rangle|.$$

——西德尼·H. 昆（Sidney H. Kung）

第4章 不 等 式

伯努利不等式（两种证明）

$$x>0, \ x\neq 1, \ r>1 \Rightarrow x^r-1>r(x-1)$$

Ⅰ．第一学期微积分

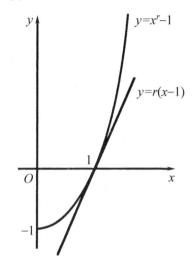

Ⅱ．第二学期微积分

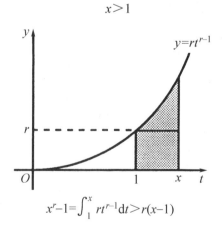

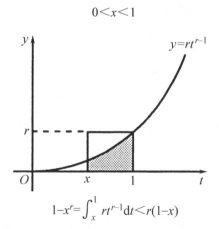

——罗杰·B. 尼尔森（Roger B. Nelsen）

注 伯努利不等式是说：对任意整数 $r \geq 0$ 和任意实数 $x>0$，有 $x^r \geq 1+r(x-1)$ 成立；而对任意正整数 $r \geq 2$ 和任意实数 $x \geq 0$ 且 $x \neq 1$，有严格不等式：$x^r>1+r(x-1)$. 伯努利不等式经常用作证明其他不等式的关键步骤.

$A^B > B^A$,当 $e \leqslant A < B$

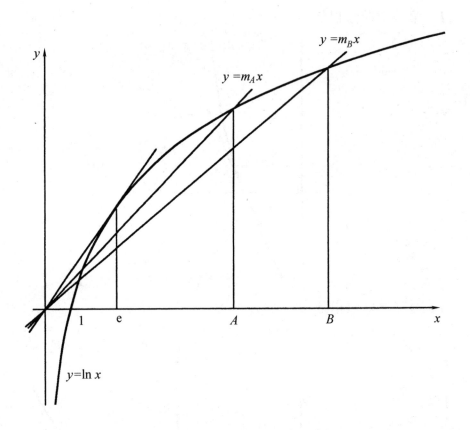

$$e \leqslant A < B \Rightarrow m_A > m_B$$
$$\Rightarrow \frac{\ln A}{A} > \frac{\ln B}{B}$$
$$\Rightarrow A^B > B^A$$

——查里斯·D. 格兰特(Charles D. Gallant)

第4章 不等式

$e^\pi > \pi^e$

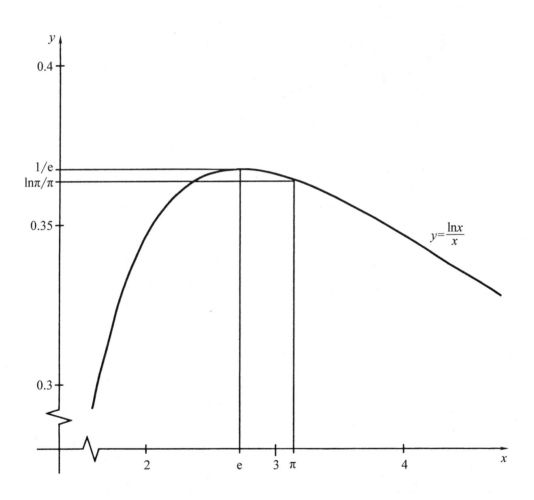

——福阿德·纳克里（Fouad Nakhli）

平均数的规则（两种证明）

（尼古拉斯·丘凯（Nicolas chuquet）《数学三章》，1484）

$$a, b, c, d > 0; \frac{a}{b} < \frac{c}{d} \Rightarrow \frac{a}{b} < \frac{a+c}{b+d} < \frac{c}{d}$$

Ⅰ.

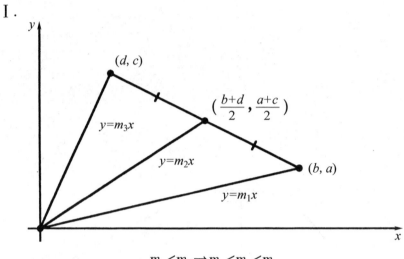

$m_1 < m_3 \Rightarrow m_1 < m_2 < m_3$

——李长明（Lichangming）

Ⅱ.

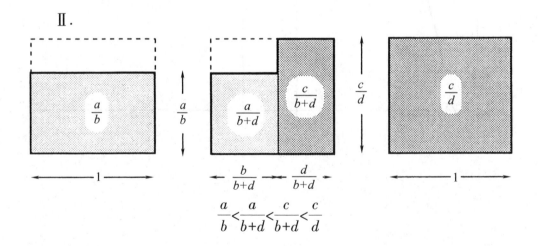

$\dfrac{a}{b} < \dfrac{a}{b+d} < \dfrac{c}{b+d} < \dfrac{c}{d}$

——罗杰·B. 尼尔森（Roger B. Nelsen）

第4章 不等式

中间点性质

$$\frac{a}{b} < \frac{c}{d} \Rightarrow \frac{a}{b} < \frac{a+c}{b+d} < \frac{c}{d}$$

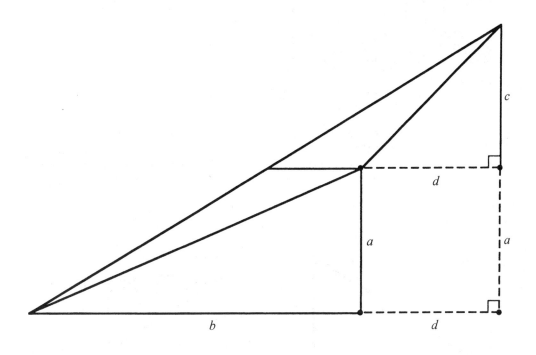

注 罗增儒教授曾指出，两杯同样多浓度分别为 $\frac{a}{b}$ 和 $\frac{d}{c}$ 的糖水，混合后浓度为 $\frac{a+c}{b+d}$，此时浓度介于上述两浓度之间. 该不等式也叫做"糖水不等式".

——理查德·A. 吉布斯（Richard A. Gibbs）

一个正数及其倒数的和至少为 2（四种证明）

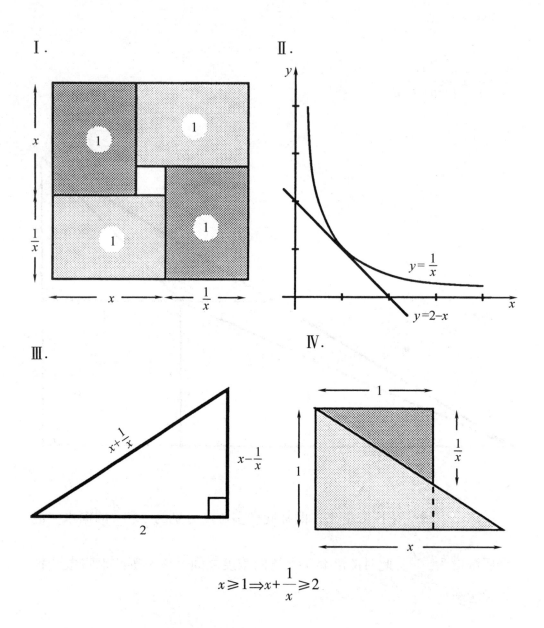

$x \geq 1 \Rightarrow x + \dfrac{1}{x} \geq 2$

——罗杰·B. 尼尔森（Roger B. Nelsen）

与和为 1 的两数相关的不等式

$$p, q>0, p+q=1 \Rightarrow \frac{1}{p}+\frac{1}{q} \geqslant 4 \text{ 且} \left(p+\frac{1}{p}\right)^2+\left(q+\frac{1}{q}\right)^2 \geqslant \frac{25}{2}$$

证明

(a)

(b)

(a) $1 \geqslant 4pq \Rightarrow \frac{1}{p}+\frac{1}{q} \geqslant 4$,

(b) $2\left(p+\frac{1}{p}\right)^2+2\left(q+\frac{1}{q}\right)^2 \geqslant \left(p+\frac{1}{p}+q+\frac{1}{q}\right)^2 \geqslant (1+4)^2 = 25$.

——克罗迪·阿尔西纳和罗杰·B. 尼尔森. (Claudi Alsina and Roger B. Nelsen)

代数不等式 1

2010 年哈萨克斯坦国家数学竞赛决赛,问题 4.
对于 $x,y \geq 0$,证明不等式
$$\sqrt{x^2-x+1}\sqrt{y^2-y+1}+\sqrt{x^2+x+1}\sqrt{y^2+y+1} \geq 2(x+y).$$
证明:由托勒密不等式

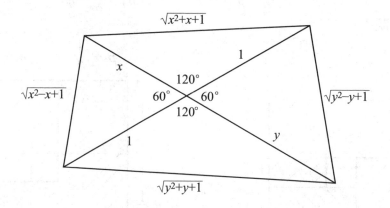

$$\sqrt{x^2-x+1}\sqrt{y^2-y+1}+\sqrt{x^2+x+1}\sqrt{y^2+y+1} \geq 2(x+y).$$

——马丢贝克·坎格辛,西德尼·H. 昆
(Madeubek Kungozhin & Sidney H. Kung)

第4章 不等式

代数不等式 2

1989年列宁格勒数学竞赛7年级，第二轮问题12.

设 $a \geq b \geq c \geq 0$，且 $a+b+c \leq 1$. 证明：$a^2+3b^2+5c^2 \leq 1$.

$$a^2+3b^2+5c^2 \leq (a+b+c)^2 \leq 1.$$

——姜卫东（Wei-Dong Jiang）

帕多阿不等式

（亚历山德罗·帕多阿，1868—1937）

如果 a、b、c 是三角形的三边，则
$$abc \geq (a+b-c)(b+c-a)(c+a-b).$$

Ⅰ.

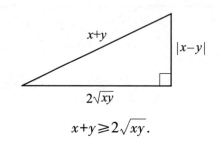

$$x+y \geq 2\sqrt{xy}.$$

Ⅱ.

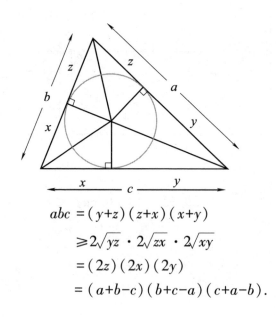

$$\begin{aligned} abc &= (y+z)(z+x)(x+y) \\ &\geq 2\sqrt{yz} \cdot 2\sqrt{zx} \cdot 2\sqrt{xy} \\ &= (2z)(2x)(2y) \\ &= (a+b-c)(b+c-a)(c+a-b). \end{aligned}$$

——罗杰·B. 尼尔森（Roger B. Nelsen）

直角三角形的不等式

(1969年加拿大数学奥林匹克竞赛第3题)
(Problem 3, The Canadian Mathematical Olympiad, 1969)

令 c 为直角三角形的斜边长，且两条直角边长分别为 a 和 b。
试证：
$$a + b \leq c\sqrt{2}$$
且等号在 $a=b$ 时成立.

证明

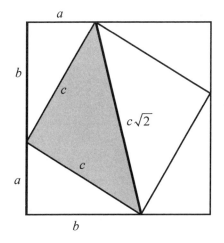 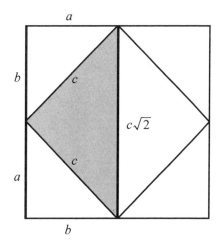

$a + b \leq c\sqrt{2}$ $a + b = c\sqrt{2} \Leftrightarrow a = b$

第 5 章　三 角 公 式

两角和的正弦公式 1

$$\sin(\alpha+\beta) = \sin\alpha\cos\beta + \cos\alpha\sin\beta$$

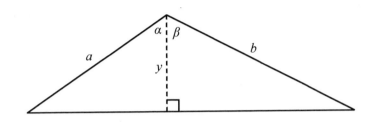

$$\alpha, \beta \in (0, \pi/2) \Rightarrow y = a\cos\alpha = b\cos\beta$$

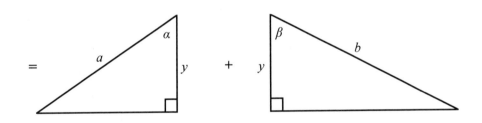

$$\frac{1}{2}ab\sin(\alpha+\beta) = \frac{1}{2}ay\sin\alpha + \frac{1}{2}by\sin\beta$$
$$= \frac{1}{2}ab\cos\beta\sin\alpha + \frac{1}{2}ba\cos\alpha\sin\beta$$
$$\therefore \sin(\alpha+\beta) = \sin\alpha\cos\beta + \cos\alpha\sin\beta$$

——克里斯托弗·布鲁伊尼格森(Christopher Brueningsen)

两角和的正弦公式 2

$$\sin(\alpha+\beta) = \sin\alpha\cos\beta + \cos\alpha\sin\beta.$$

Ⅰ.

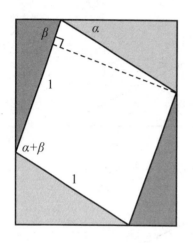 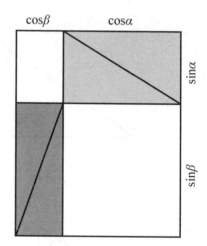

Ⅱ.

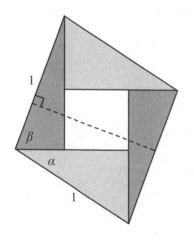 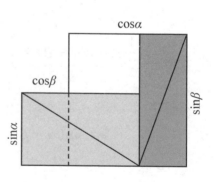

——沃克·普里贝（Volker Priebe）和
埃德加·A. 拉莫斯（Edgar A. Ramos）

两角和的正弦公式 3

$$\sin(x+y) = \sin x\cos y + \cos x\sin y.$$

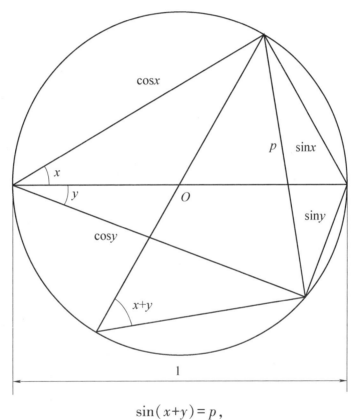

$$\sin(x+y) = p,$$
$$p = \sin x\cos y + \cos x\sin y.$$

注 图示体现了在一条对角线为直径的圆内接四边形中的托勒密定理的应用.

——金国林（Guolin Jin）

两角和的余弦公式

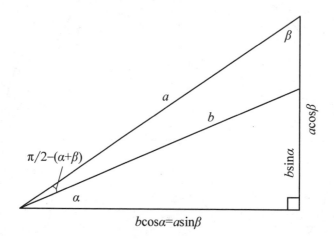

$$\frac{1}{2}ab\sin\left[\frac{\pi}{2}-(\alpha+\beta)\right]=\frac{1}{2}b\cos\alpha\cdot a\cos\beta-\frac{1}{2}a\sin\beta\cdot b\sin\alpha$$

$$\therefore \cos(\alpha+\beta)=\cos\alpha\cos\beta-\sin\alpha\sin\beta$$

——西德尼·H. 昆（Sidney H. Kung）

第5章 三角公式

两角和的正弦以及两角差的余弦

Ⅰ. $\sin(u+v) = \sin u\cos v + \sin v\cos u$.

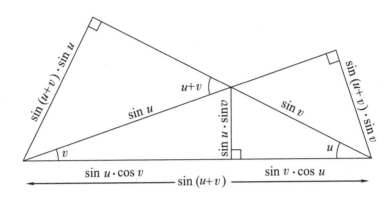

——王龙（Long Wang）

Ⅱ. $\cos(u-v) = \cos u\cos v + \sin u\sin v$.

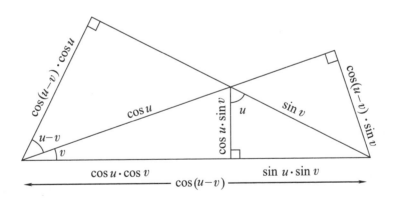

——戴维·里奇森（David Richeson）

两角差的余弦公式

$$\cos(\alpha-\beta) = \cos\alpha\cos\beta + \sin\alpha\sin\beta.$$

I.

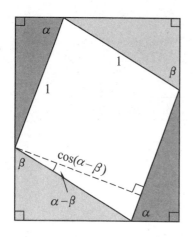
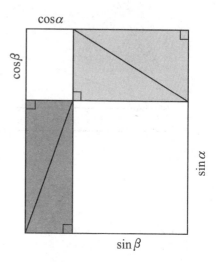

II.

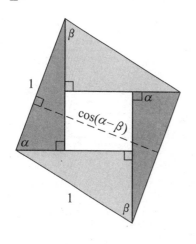
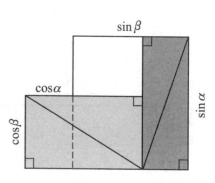

——威廉·T. 韦伯,马修·博德(William T. Webber & Matthew Bode)

第5章 三角公式

一幅图，六个三角恒等式

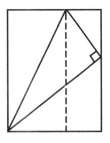

$\sin(\alpha + \beta) = \sin\alpha\cos\beta + \cos\alpha\sin\beta,$
$\cos(\alpha + \beta) = \cos\alpha\cos\beta - \sin\alpha\sin\beta.$

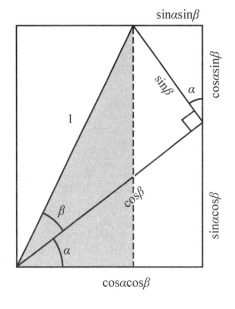

$\sin(\alpha - \beta) = \sin\alpha\cos\beta - \cos\alpha\sin\beta,$
$\cos(\alpha - \beta) = \cos\alpha\cos\beta + \sin\alpha\sin\beta.$

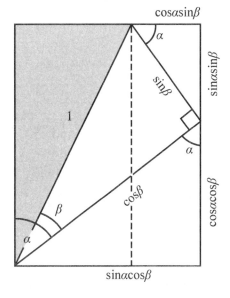

$$\tan(\alpha+\beta) = \frac{\tan\alpha + \tan\beta}{1 - \tan\alpha\tan\beta}.$$

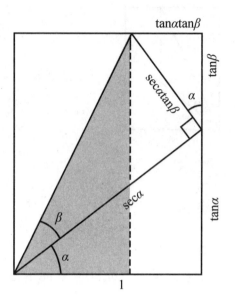

$$\tan(\alpha-\beta) = \frac{\tan\alpha - \tan\beta}{1 + \tan\alpha\tan\beta}.$$

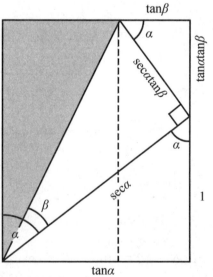

——罗杰·B. 尼尔森（Roger B. Nelsen）

二倍角公式 1

$$\sin 2x = 2\sin x\cos x, \cos 2x = \cos^2 x - \sin^2 x.$$

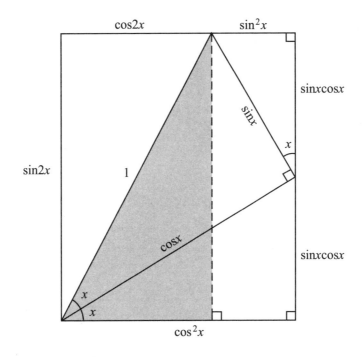

——哈桑·乌纳尔（Hasan Unal）

二倍角公式 2

$$\cos 2\theta = 1 - 2\sin^2\theta,$$
$$\sin 2\theta = 2\sin\theta\cos\theta.$$

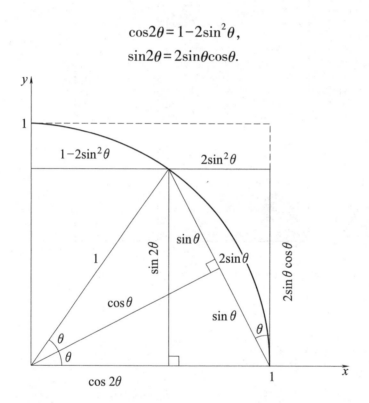

——哈桑·乌纳尔（Hasan Unal）

第5章 三角公式

二倍角公式 3

$$\sin 2\theta = 2\sin\theta\cos\theta, \quad \cos 2\theta = 2\cos^2\theta - 1.$$

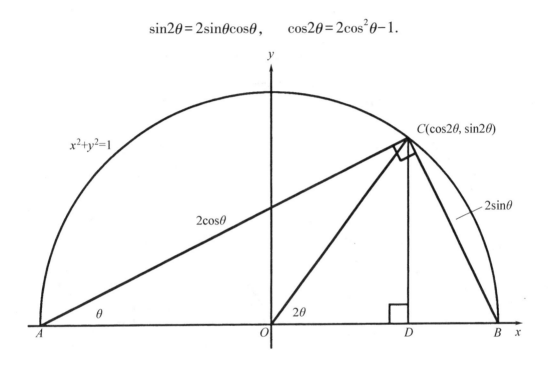

△ACD ∽ △ABC

$\overline{CD}/\overline{AC} = \overline{BC}/\overline{AB}$ 　　$\overline{AD}/\overline{AC} = \overline{AC}/\overline{AB}$

$\sin 2\theta / 2\cos\theta = 2\sin\theta / 2$ 　　$(1 + \cos 2\theta)/2\cos\theta = 2\cos\theta/2$

$\sin 2\theta = 2\sin\theta\cos\theta$ 　　$\cos 2\theta = 2\cos^2\theta - 1$

——罗杰·B. 尼尔森（Roger B. Nelsen）

半角公式

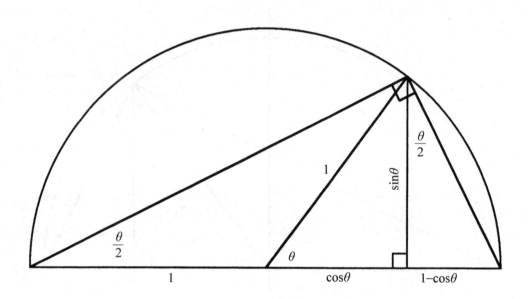

$$\tan\frac{\theta}{2}=\frac{\sin\theta}{1+\cos\theta}=\frac{1-\cos\theta}{\sin\theta}$$

——R. J. 沃克（R. J. Walker）

维尔斯特拉斯代换（万能公式）

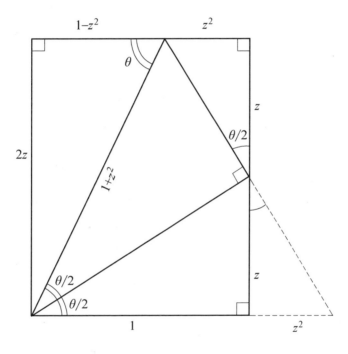

$$z=\tan\frac{\theta}{2} \Rightarrow \sin\theta=\frac{2z}{1+z^2}, \cos\theta=\frac{1-z^2}{1+z^2}$$

——西德尼·H. 昆（Sidney H. Kung）

推导有理函数的正弦和余弦

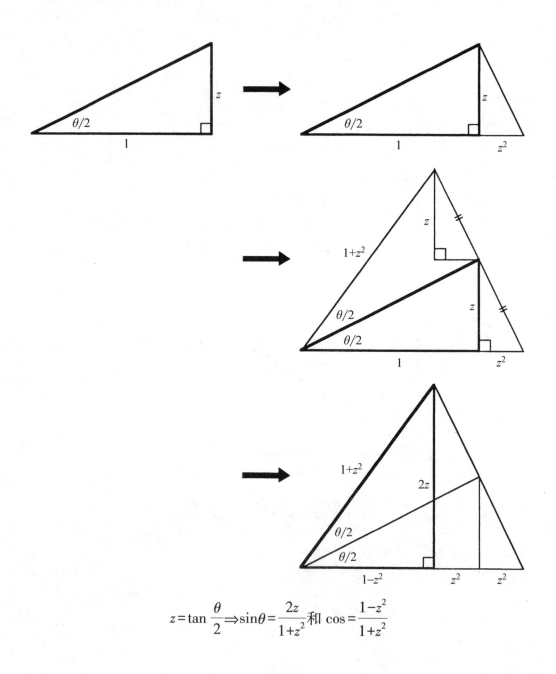

$$z=\tan\frac{\theta}{2} \Rightarrow \sin\theta=\frac{2z}{1+z^2} \text{和} \cos=\frac{1-z^2}{1+z^2}$$

——罗杰·B. 尼尔森(Roger B. Nelsen)

三倍角的正弦、余弦公式

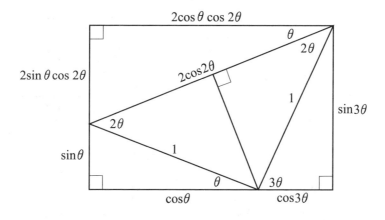

$$\begin{aligned}\sin 3\theta &= 2\sin\theta\cos 2\theta+\sin\theta \\ &= 2\sin\theta(1-2\sin^2\theta)+\sin\theta \\ &= 3\sin\theta-4\sin^3\theta.\end{aligned} \qquad \begin{aligned}\cos 3\theta &= 2\cos\theta\cos 2\theta-\cos\theta \\ &= 2\cos\theta(2\cos^2\theta-1)-\cos\theta \\ &= 4\cos^3\theta-3\cos\theta.\end{aligned}$$

——克罗迪·阿尔西纳和罗杰·B. 尼尔森（Claudi Alsina and Roger B. Nelsen）

正余函数之和

$$\sin x + \cos x = \sqrt{2}\sin\left(x + \frac{\pi}{4}\right) \qquad \tan x + \cot x = 2\csc(2x)$$

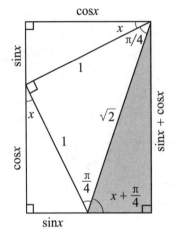
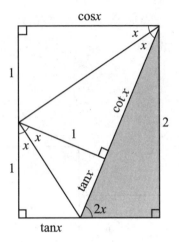

$$\csc x + \cot x = \cot(x/2)$$

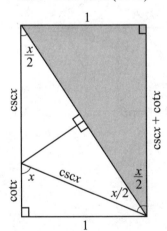

推论 $\cos x - \sin x = \sqrt{2}\cos(x + \pi/4)$，

$\cot x - \tan x = 2\cot(2x)$.

——罗杰·B. 尼尔森（Roger B. Nelsen）

第5章 三角公式

和差化积公式 1

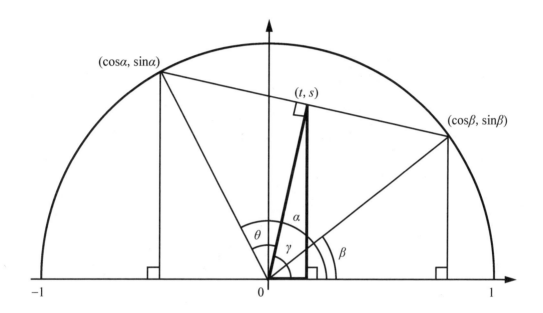

$$\theta = \frac{\alpha - \beta}{2}, \quad \gamma = \frac{\alpha + \beta}{2}$$

$$\frac{\sin\alpha + \sin\beta}{2} = s = \cos\frac{\alpha - \beta}{2}\sin\frac{\alpha + \beta}{2}$$

$$\frac{\cos\alpha + \cos\beta}{2} = t = \cos\frac{\alpha - \beta}{2}\cos\frac{\alpha + \beta}{2}$$

——西德尼·H. 昆（Sidney H. Kung）

和差化积公式 2

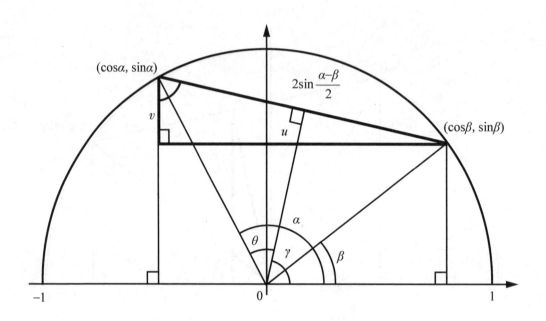

$$\theta = \frac{\alpha - \beta}{2}, \quad \gamma = \frac{\alpha + \beta}{2}$$

$$\sin\alpha - \sin\beta = v = 2\sin\frac{\alpha - \beta}{2}\cos\frac{\alpha + \beta}{2}$$

$$\cos\alpha - \cos\beta = u = 2\sin\frac{\alpha - \beta}{2}\sin\frac{\alpha + \beta}{2}$$

——西德尼·H. 昆（Sidney H. Kung）

积化和差公式

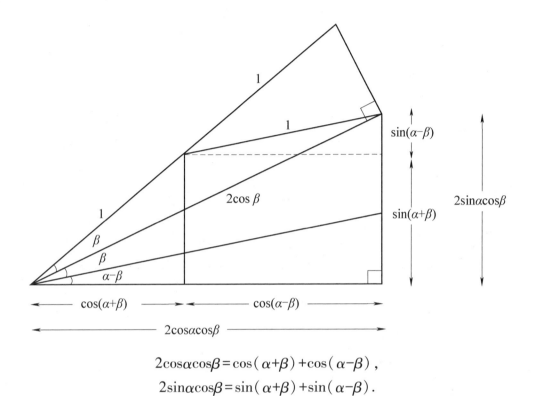

$$2\cos\alpha\cos\beta = \cos(\alpha+\beta) + \cos(\alpha-\beta),$$
$$2\sin\alpha\cos\beta = \sin(\alpha+\beta) + \sin(\alpha-\beta).$$

——约翰·莫洛卡奇(John Molokach)

余弦定理 1

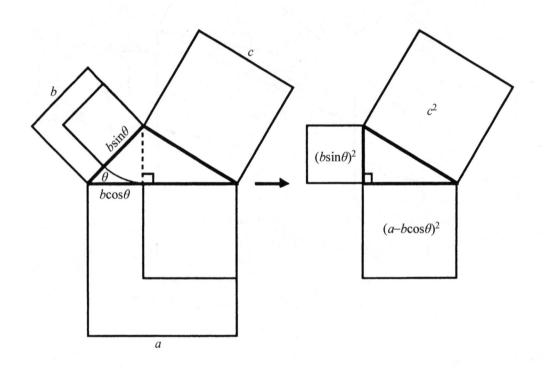

$$c^2 = (b\sin\theta)^2 + (a-b\cos\theta)^2$$
$$= a^2 + b^2 - 2ab\cos\theta$$

——蒂莫西·A. 谢皮科（Timothy A. Sipka）

余弦定理 2

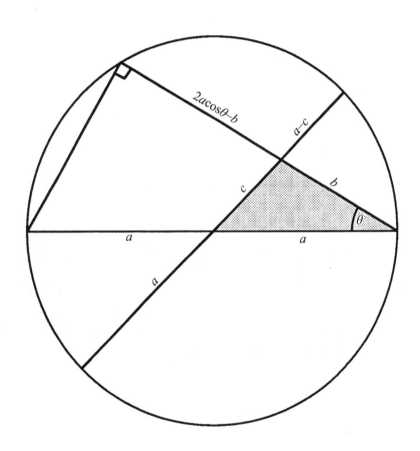

$$(2a\cos\theta - b)b = (a-c)(a+c)$$
$$c^2 = a^2 + b^2 - 2ab\cos\theta$$

——西德尼·H. 昆（Sidney H. Kung）

余弦定理 3（根据托勒密定理）

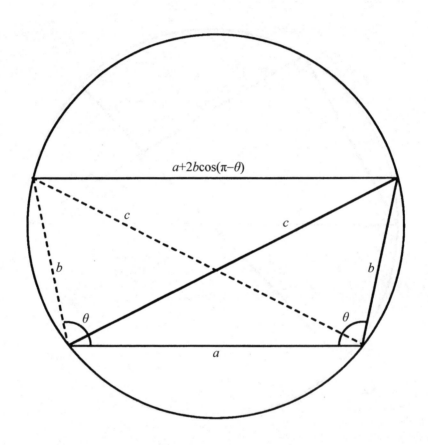

$$c \cdot c = b \cdot b + (a + 2b\cos(\pi - \theta)) \cdot a$$
$$c^2 = a^2 + b^2 - 2ab \cdot \cos\theta$$

——西德尼·H. 昆（Sidney H. Kung）

余弦定理 4

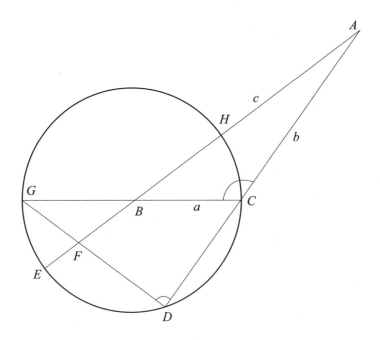

利用割线定理证明

若 $\angle C$ 为钝角，则采用如下的证明方式

$AH \times AE = AC \times AD \Rightarrow (c-a)(c+a) = b(b+2a\cos C) \Rightarrow c^2 = a^2 + b^2 - 2ab\cos C$

——刘超（Chao Liu）

余弦定理 5

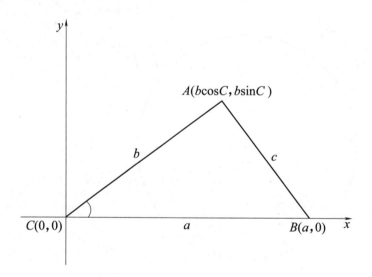

利用两点间距离公式证明
$$c^2 = AB^2 = (b\cos C - a)^2 + (b\sin C - 0)^2 = a^2 + b^2 - 2ab\cos C$$

——刘超（Chao Liu）

余弦定理 6

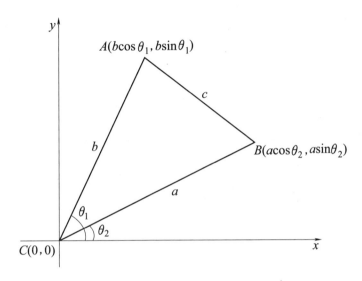

利用复数的距离公式证明

$$\begin{aligned}c^2=AB^2&=|z_1-z_2|^2=(z_1-z_2)\cdot\overline{(z_1-z_2)}\\&=(b\cos\theta_1-a\cos\theta_2)^2+(b\sin\theta_1-a\sin\theta_2)^2\\&=a^2+b^2-2ab(\cos\theta_1\cos\theta_2-\sin\theta_1\sin\theta_2)\\&=a^2+b^2-2ab\cos(\theta_1-\theta_2)\\&=a^2+b^2-2ab\cos C\end{aligned}$$

——刘超(Chao Liu)

csc $2x$ = cot x − cot $2x$

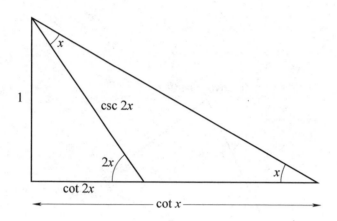

——希卡·钱德拉舍哈尔（Shikha Chandrashekhar）

一个源自韦达的恒等式

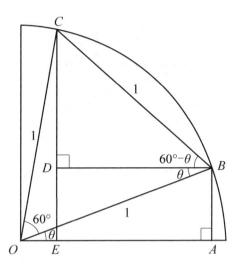

$AB=CE-CD \Rightarrow \sin\theta=\sin(60°+\theta)-\sin(60°-\theta)$,

$OA=OE+BD \Rightarrow \cos\theta=\cos(60°+\theta)+\cos(60°-\theta)$.

第二个恒等式最早见于韦达的第一部数学著作《应用于三角形的数学定律》.

——雷克斯·H. 吴(Rex H. Wu)

反正切函数的和

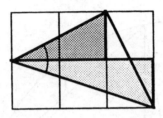

$$\arctan \frac{1}{2} + \arctan \frac{1}{3} = \frac{\pi}{4}$$

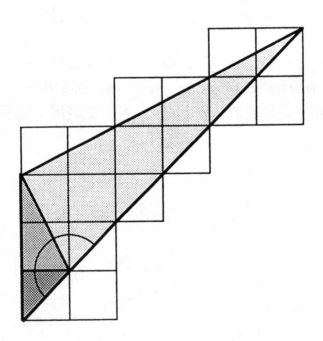

$$\arctan 1 + \arctan 2 + \arctan 3 = \pi$$

——爱德华·M. 哈里斯（Edward M. Harris）

$(\tan\theta+1)^2+(\cot\theta+1)^2=(\sec\theta+\csc\theta)^2$

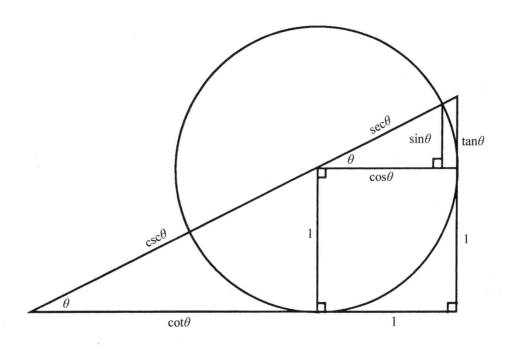

$$\tan^2\theta+1=\sec^2\theta$$
$$\cot^2\theta+1=\csc^2\theta$$
$$(\tan\theta+1)^2+(\cot\theta+1)^2=(\sec\theta+\csc\theta)^2$$
$$\left(也就是\ \tan\theta=\frac{\tan\theta+1}{\cot\theta+1}\right)$$

——威廉·罗曼（William Romaine）

摩尔魏特方程

$$(a-b)\cos\frac{\gamma}{2}=c\sin\left(\frac{\alpha-\beta}{2}\right)$$

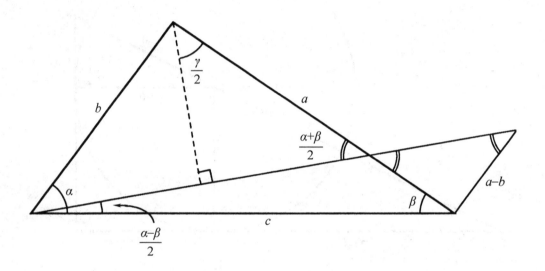

——H. 亚瑟·德克莱诺（H. Arthur DeKleine）

正切乘积的和

若 α、β、γ 是锐角,且满足 $\alpha+\beta+\gamma=\pi/2$,则
$$\tan\alpha\tan\beta+\tan\beta\tan\gamma+\tan\gamma\tan\alpha=1.$$

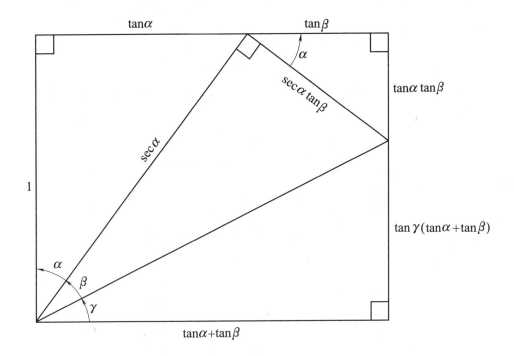

——罗杰·B. 尼尔森(Roger B. Nelsen)

三个正切的和与积

如果 α、β、γ 分别是锐角三角形的三个锐角,那么
$$\tan\alpha+\tan\beta+\tan\gamma = \tan\alpha\tan\beta\tan\gamma.$$

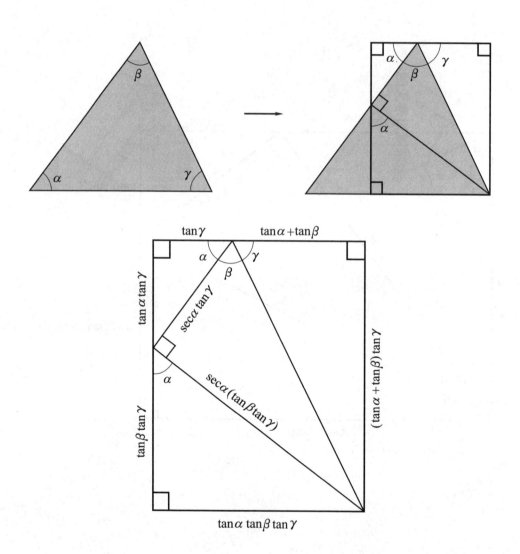

注 这个结论对任意和为 π 的角 α、β、γ 都成立(α、β、γ 都不能是 $\pi/2$ 的奇数倍).

——罗杰·B. 尼尔森(Roger B. Nelsen)

一个图形，五个反正切恒等式

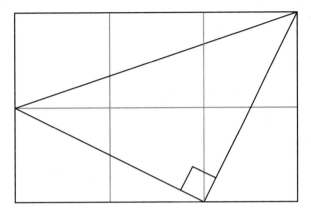

 $\dfrac{\pi}{4} = \arctan\left(\dfrac{1}{2}\right) + \arctan\left(\dfrac{1}{3}\right)$

 $\dfrac{\pi}{4} = \arctan(3) - \arctan\left(\dfrac{1}{2}\right)$

 $\dfrac{\pi}{4} = \arctan(2) - \arctan\left(\dfrac{1}{3}\right)$

 $\dfrac{\pi}{2} = \arctan(1) + \arctan\left(\dfrac{1}{2}\right) + \arctan\left(\dfrac{1}{3}\right)$

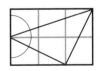 $\pi = \arctan(1) + \arctan(2) + \arctan(3)$

——雷克斯·H. 吴（Rex H. Wu）

赫顿和斯特拉尼斯基公式

赫顿公式:

$$\frac{\pi}{4} = 2\arctan\frac{1}{3} + \arctan\frac{1}{7} \tag{1}$$

斯特拉尼斯基公式:

$$\frac{\pi}{4} = \arctan\frac{1}{2} + \arctan\frac{1}{5} + \arctan\frac{1}{8} \tag{2}$$

证明

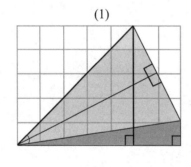
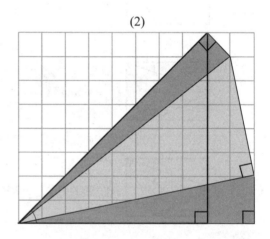

注 查尔斯·赫顿于 1776 年发表公式（1），在 1789 年乔格·冯·维加利用这个式子以及格雷果里反正切级数将 π 计算到了小数点后 143 位（其中前 126 位是正确的）. 1844 年，L. K. 舒尔茨·冯·斯特拉尼斯基帮助扎卡赖亚斯·达斯证明了公式（2）. 后者用它计算了 π 的小数点后 200 位.

——罗杰·B. 尼尔森（Roger B. Nelsen）

函数 $a\cos t+b\sin t$ 的极值

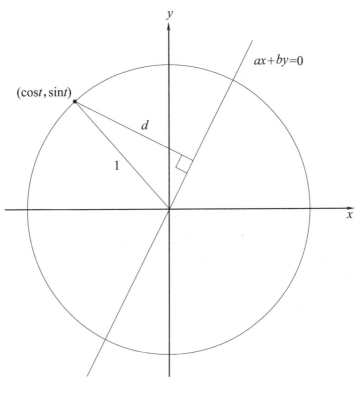

$$d \leqslant 1 \Rightarrow \frac{|a\cos t+b\sin t|}{\sqrt{a^2+b^2}} \leqslant 1$$

$$-\sqrt{a^2+b^2} \leqslant a\cos t+b\sin t \leqslant \sqrt{a^2+b^2}$$

——M. 巴亚特, M. 哈桑尼, H. 泰莫里 (M. Bayat, M. Hassani, H. Teimoori)

正弦不等式

若 $\alpha_k \geq 0$, $k = 1, \cdots, n$ 且 $\sum_{k=1}^{n} \alpha_k < \pi/2$, 则 $\sin\left(\sum_{k=1}^{n} \alpha_k\right) \leq \sum_{k=1}^{n} \sin\alpha_k$.

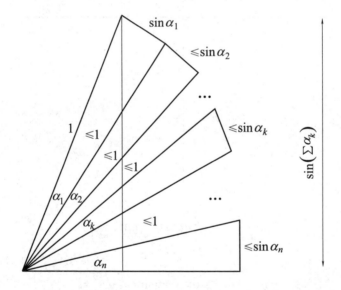

——范兴亚 (Xingya Fan)

正切不等式

若 $\alpha_k \geq 0$ 对于 $k = 1, \cdots, n$ 有 $\sum_{k=1}^{n} \alpha_k < \pi/2$，则 $\tan\left(\sum_{k=1}^{n} \alpha_k\right) \geq \sum_{k=1}^{n} \tan\alpha_k$.

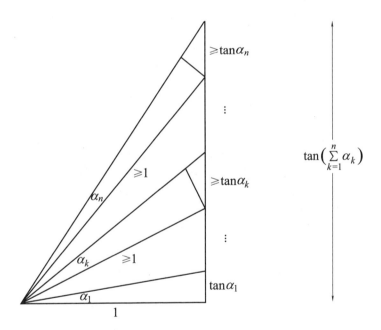

——罗伯·普拉特（Rob Pratt）

正弦函数的子可加性

如果三个正角 α、β、γ 之和为 $90°$,必有 $\sin\alpha+\sin\beta+\sin\gamma>1$

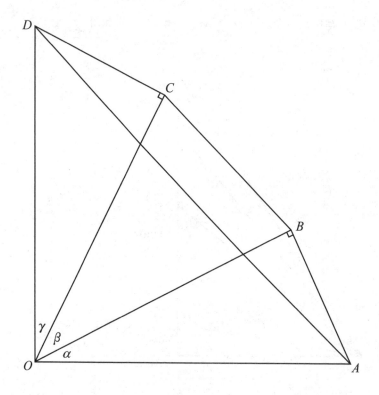

——张景中(Jingzhong Zhang)

在 $[0,\pi]$ 上正弦函数的子可加性

若 $\alpha_k \geqslant 0$ 对于 $k = 1,2,\cdots,n$ 和 $\sum_{k=1}^{n}\alpha_k \leqslant \pi$ 则 $\sin\left(\sum_{k=1}^{n}\alpha_k\right) \leqslant \sum_{k=1}^{n}\sin\alpha_k.$

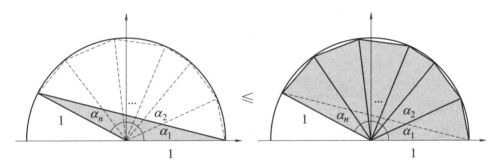

$$\frac{1}{2} \cdot 1 \cdot 1\sin\left(\sum_{k=1}^{n}\alpha_k\right) \leqslant \sum_{k=1}^{n}\frac{1}{2} \cdot 1 \cdot 1 \cdot \sin\alpha_k$$

注 在 $[0,\pi]$ 上正弦函数的子可加性证明.

——范兴亚和朱一心（Xingya Fan &Yixin Zhu）

15°角和 75°角的三角函数

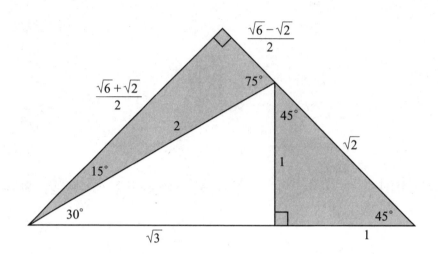

$$\sin 15° = \frac{\sqrt{6}-\sqrt{2}}{4}, \quad \tan 75° = \frac{\sqrt{6}+\sqrt{2}}{\sqrt{6}-\sqrt{2}}.$$

推论 阴影三角形的面积相等且都为 $1/2$.

——拉里·赫恩（Larry Hoehn）

tan 15°和 tan 75°

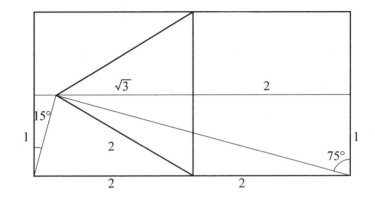

$\tan 15° = 2-\sqrt{3}$, $\tan 75° = 2+\sqrt{3}$.

——加西亚·卡皮坦·弗朗西斯科·哈维尔
(García Capitán Francisco Javier)

18°角及其整倍数的三角函数

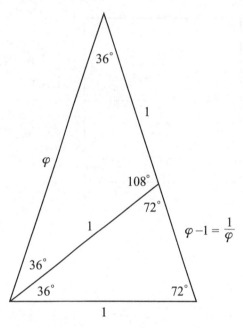
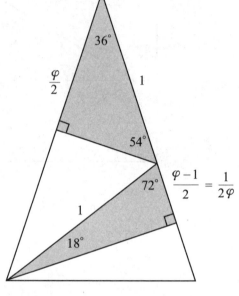

$$\frac{\varphi}{1}=\frac{1}{\varphi-1}$$
$$\varphi^2-\varphi-1=0$$
$$\varphi=\frac{\sqrt{5}+1}{2}$$

$$\sin54°=\cos36°=\frac{\varphi}{2}=\frac{\sqrt{5}+1}{4}$$
$$\sin18°=\cos72°=\frac{1}{2\varphi}=\frac{1}{\sqrt{5}+1}$$

——布莱恩·布雷迪(Brian Bradie)

第6章 数　　列

第6章 数　列

整数求和 1

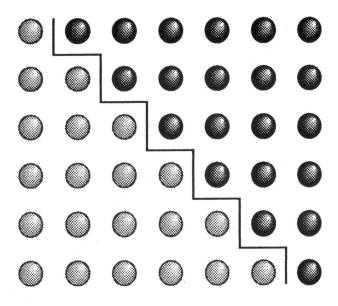

$$1+2+\cdots+n=\frac{1}{2}n(n+1)$$

——"古希腊人"（由马丁·加德纳改编）

整数求和 2

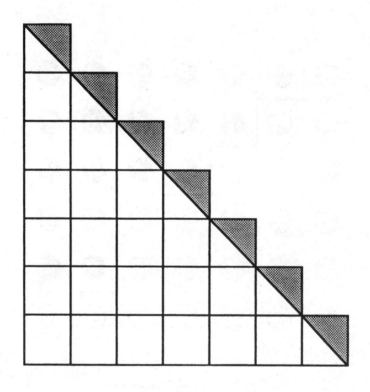

$$1+2+\cdots+n=\frac{n^2}{2}+\frac{n}{2}$$

——伊恩·理查兹（Ian Richards）

第6章 数　列

整数求和 3

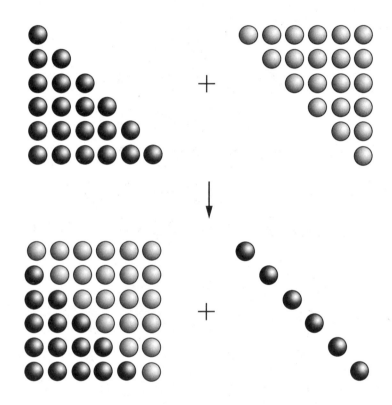

$$1 + 2 + \cdots + n = \frac{1}{2}(n^2 + n)$$

——S. J. 法洛（S. J. Farlow）

奇数求和 1

$$1+3+5+\cdots+(2n-1)=n^2$$

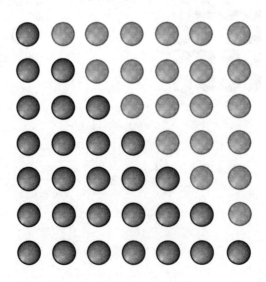

奇数求和 2

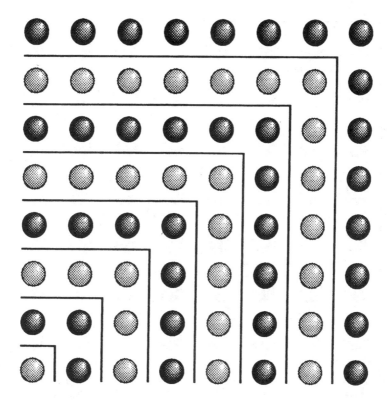

$$1+3+5+\cdots+(2n-1)=n^2$$

——尼可曼修 Nichomachus（of Gerasa）（大约公元 100 年）

奇数求和 3

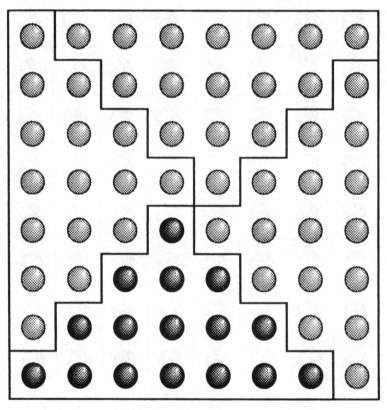

$$1+3+5+\cdots+(2n-1)=\frac{1}{4}(2n)^2=n^2$$

奇数求和 4

$$1+3+5+\cdots+(2n-1)=n^2$$

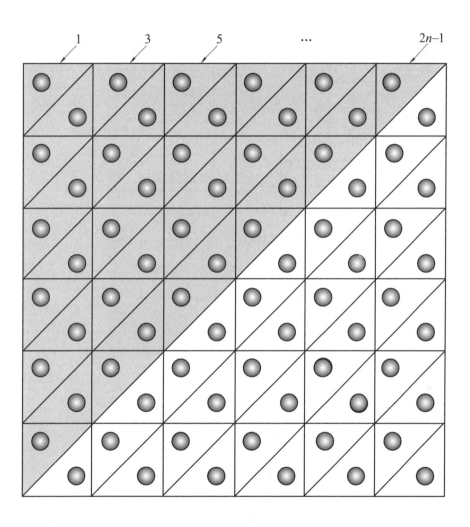

$$2[1+3+5+\cdots+(2n-1)]=2n^2.$$

——蒂莫泰·杜瓦尔（Timothée Duval）

奇数求和 5

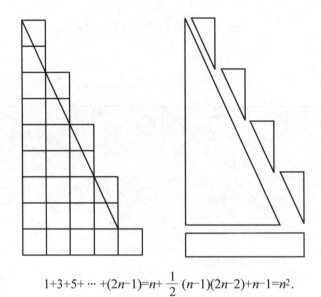

$$1+3+5+\cdots+(2n-1)=n+\frac{1}{2}(n-1)(2n-2)+n-1=n^2.$$

——塞缪尔·G. 莫雷诺（Samuel G. Moreno）

奇数的交错和

$$\sum_{k=1}^{n}(2k-1)(-1)^{n-k}=n$$

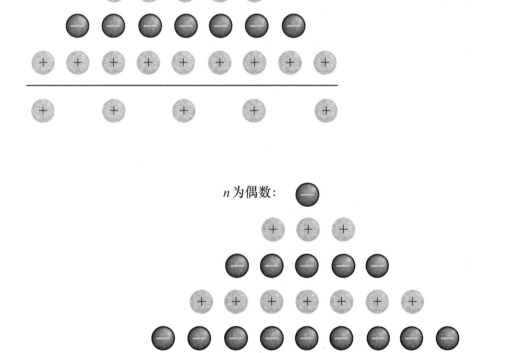

——阿瑟·T. 本杰明（Arthur T. Benjamin）

平方和 1

$$k^2 = 1 + 3 + \cdots + (2k-1) \Rightarrow \sum_{k=1}^{n} k^2 = \frac{n(n+1)(2n+1)}{6}$$

$$3(1^2 + 2^2 + \cdots + n^2) = (2n+1)(1 + 2 + \cdots + n)$$

$$\therefore 1^2 + 2^2 + \cdots + n^2 = \frac{2n+1}{3} \cdot \frac{n(n+1)}{2}$$

第6章 数　列

平方和 2

$$\sum_{k=1}^{n} k^2 = \frac{n(n+1)(2n+1)}{6}$$

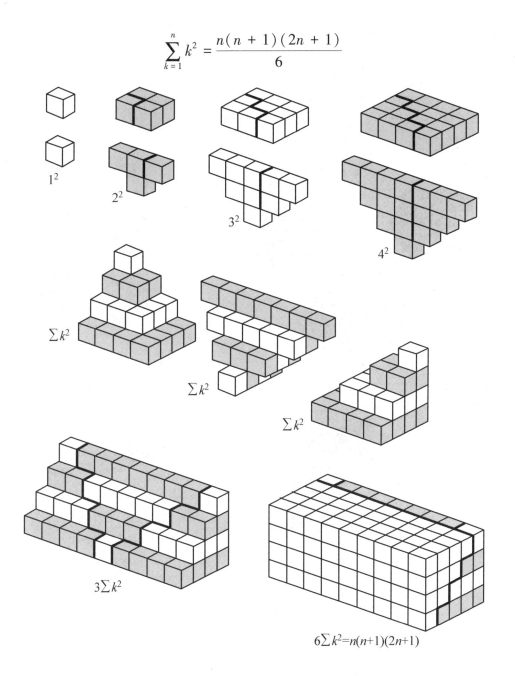

$$6\sum k^2 = n(n+1)(2n+1)$$

——南妮·韦穆特（Nanny Wermuth）
和汉斯-尤尔根·舒（Hans-Jürgen Schuh）

平方和 3

$$1^2+2^2+\cdots+n^2=\frac{1}{3}n(n+1)\left(n+\frac{1}{2}\right)$$

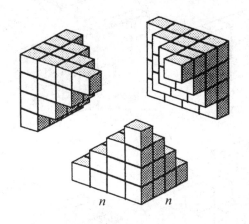

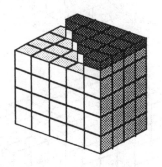
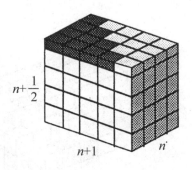

——萧文强（Man-Keung Siu）

平方和 4

$$3(1^2+2^2+\cdots+n^2) = (2n+1)(1+2+\cdots+n)$$

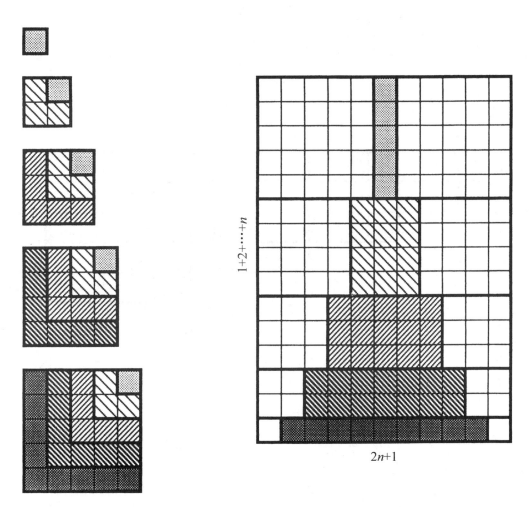

——马丁·加德纳和丹·卡尔曼（Martin Gardner and Dan Kalman）
（独立发现）

平方和 5

$$\sum_{i=1}^{n} \sum_{j=i}^{n} j = \sum_{i=1}^{n} i^2$$

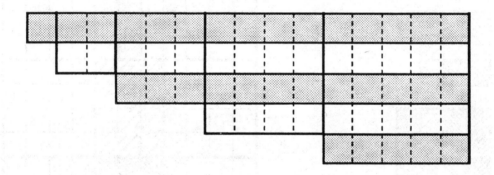

——庄皮春（Pi-Chun Chuang）

整数求和与平方求和的关系 1

$1+2+1=2^2$

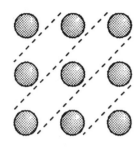

$1+2+3+2+1=3^2$

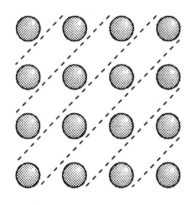

$1+2+3+4+3+2+1=4^2$

$$1+2+\cdots+(n-1)+n+(n-1)+\cdots+2+1=n^2$$

——"古希腊人"（由马丁·加德纳改编）

整数求和与平方求和的关系 2

$1+3+1 = 1^2+2^2$

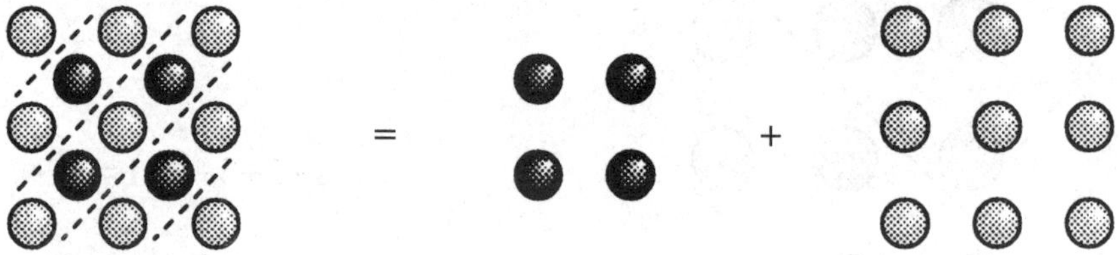

$1+3+5+3+1 = 2^2+3^2$

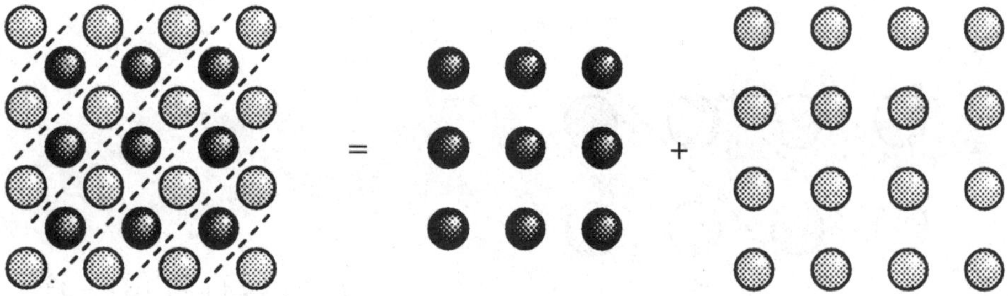

$1+3+5+7+5+3+1 = 3^2+4^2$

$1+3+\cdots+(2n-1)+(2n+1)+(2n-1)+\cdots+3+1 = n^2+(n+1)^2.$

——金熙植（Hee Sik Kim）

奇数的平方和

$$1^2 + 3^2 + \cdots + (2n-1)^2 = \frac{n(2n-1)(2n+1)}{3}$$

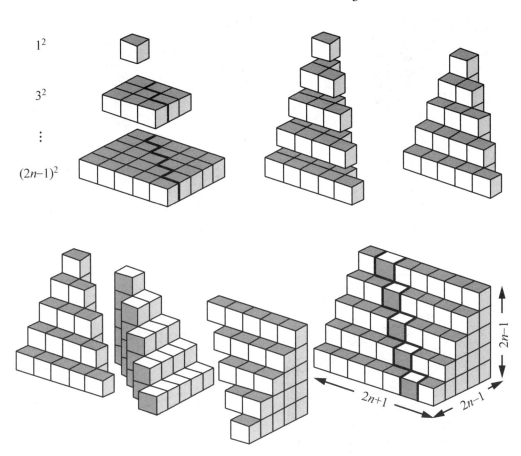

$$3 \times [1^2 + 3^2 + \cdots + (2n-1)^2] = [1 + 2 + \cdots + (2n-1)] \times (2n+1)$$
$$= \frac{(2n-1)(2n)(2n+1)}{2}$$
$$= n(2n-1)(2n+1)$$

——罗杰·B. 尼尔森（Roger B. Nelsen）

立方求和 1

$$1^3+2^3+3^3+\cdots+n^3=(1+2+3+\cdots+n)^2$$

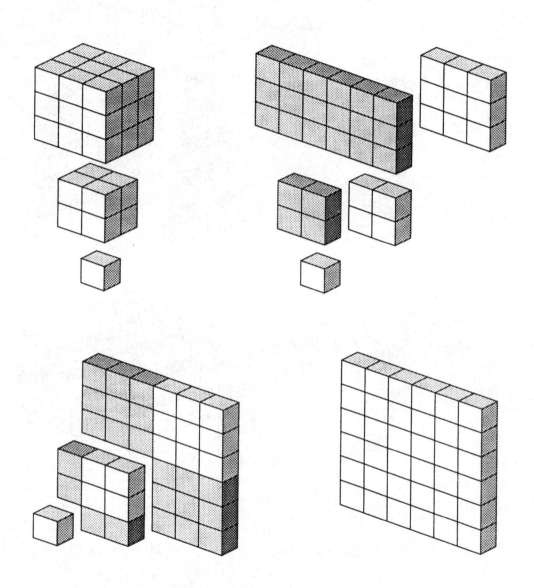

——艾伦·L. 福瑞(Alan L. Fry)

第6章 数　列

立方求和 2

$$= \sum_{i=1}^{n} i + 2\sum_{i=1}^{n} i + \cdots + n\sum_{i=1}^{n} i$$

$$= \left(\sum_{i=1}^{n} i\right)^2$$

$$= 1(1)^2 + 2(2)^2 + \cdots + n(n)^2$$

$$= \sum_{i=1}^{n} i^3$$

——法胡德·波尤塞菲（Farhood Pouryoussefi）

立方求和 3

$$1^3+2^3+3^3+\cdots+n^3=(1+2+3+\cdots+n)^2$$

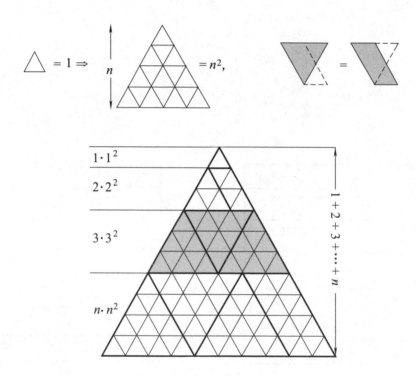

$$1^3+2^3+3^3+\cdots+n^3=(1+2+3+\cdots+n)^2.$$

——帕拉梅斯·洛辛查（Parames Laosinchai）

第6章 数　列

点的计数

$$\sum_{k=1}^{n} k + \sum_{k=1}^{n-1} k = n^2$$

$$\sum_{k=1}^{n} k + n^2 = \sum_{k=n+1}^{2n} k$$

——沃伦·佩奇（Warren Page）

连续整数的连续和

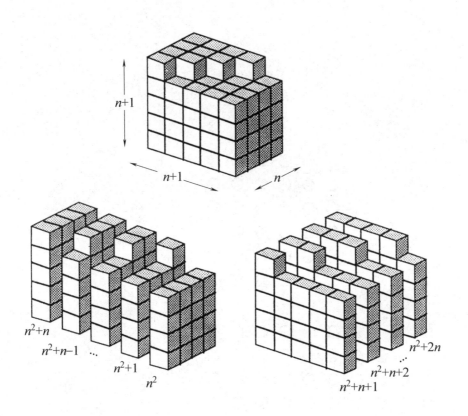

$$1+2=3$$
$$4+5+6=7+8$$
$$9+10+11+12=13+14+15$$
$$16+17+18+19+20=21+22+23+24$$
$$\vdots$$
$$n^2+(n^2+1)+\cdots+(n^2+n)=(n^2+n+1)+\cdots+(n^2+2n)$$

——罗杰·B. 尼尔森（Roger B. Nelsen）

关于平方数与三角形数的求和式

$$T_k = \sum_{j=1}^{k} j \Rightarrow \sum_{k=1}^{2n} T_k = 4 \sum_{k=1}^{n} k^2.$$

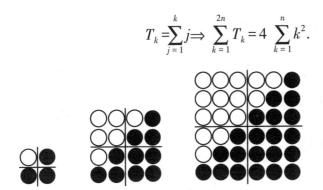

——安德烈·彼得罗夫斯基（Andrzej Piotrowski）

正方体拼搭

$$4(1^3+2^3+\cdots+n^3) = n^2(n+1)^2.$$

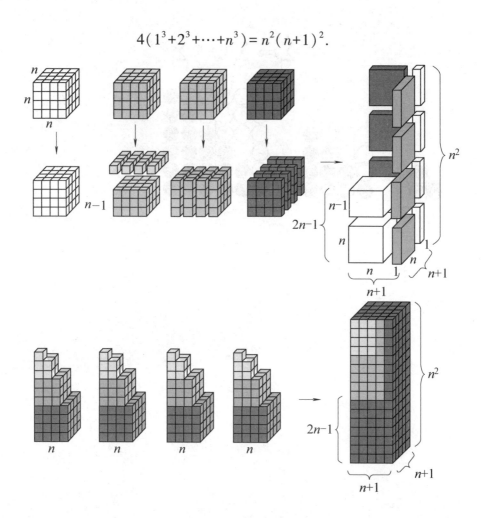

——桑贾·斯蒂瓦诺维奇（Sanja Stevanović）、
德拉甘·斯蒂瓦诺维奇（Dragan Stevanović）

连续奇数的和与立方数

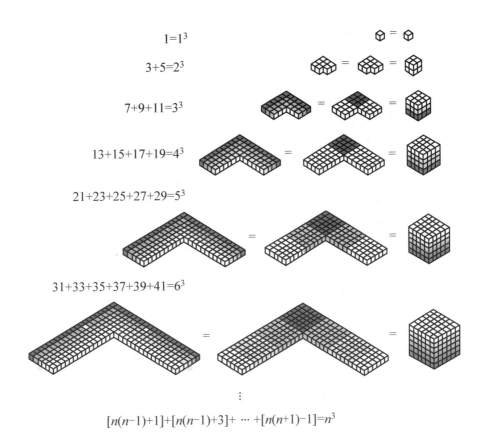

$$1=1^3$$
$$3+5=2^3$$
$$7+9+11=3^3$$
$$13+15+17+19=4^3$$
$$21+23+25+27+29=5^3$$
$$31+33+35+37+39+41=6^3$$
$$\vdots$$
$$[n(n-1)+1]+[n(n-1)+3]+\cdots+[n(n+1)-1]=n^3$$

——斯坦利·R. 胡迪(Stanley R. Huddy)

斐波那契数列的平方求和

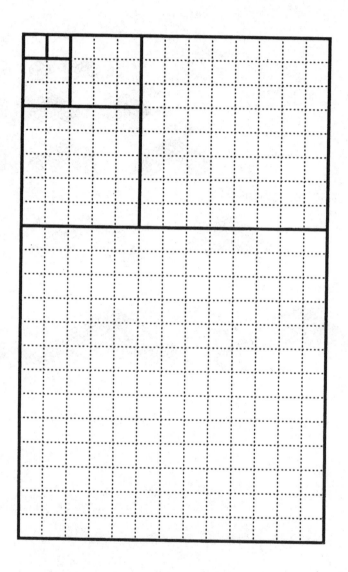

$$F_1 = F_2 = 1 \,; F_{n+2} = F_{n+1} + F_n \Rightarrow F_1^2 + F_2^2 + \cdots + F_n^2 = F_n F_{n+1}$$

——阿尔弗雷德·布鲁索（Alfred Brousseau）

k 次方可看成连续奇数的和

$$n^k = (n^{k-1}-n+1) + (n^{k-1}-n+3) + \cdots + (n^{k-1}-n+2n-1);$$
$$k = 2,3\cdots.$$

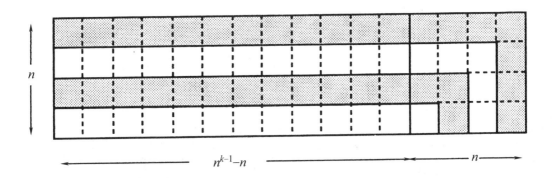

——N. 巴拉克利希南·奈尔（N. Gopalakrishnan Nair）

长方形数的求和

$$(1\times2)+(2\times3)+(3\times4)+\cdots+(n-1)n=\frac{(n-1)n(n+1)}{3}$$

Ⅰ. =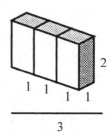

Ⅱ. 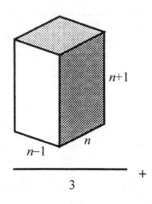 +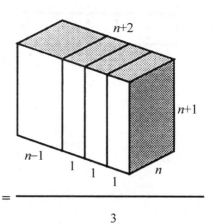

——T. C. WU

把立方数表示为二重求和

$$\sum_{i=1}^{n}\sum_{j=1}^{n}(i+j-1)=n^3$$

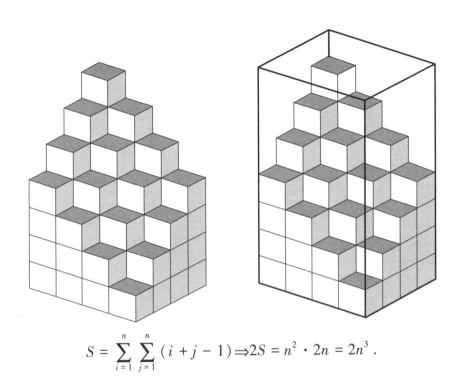

$$S=\sum_{i=1}^{n}\sum_{j=1}^{n}(i+j-1)\Rightarrow 2S=n^2\cdot 2n=2n^3.$$

注 一个类似的图形可以推出下面二维等差数列的求和结果

$$\sum_{i=1}^{n}\sum_{j=1}^{n}[a+(i-1)b+(j-1)c]=\frac{mn}{2}[2a+(m-1)b+(n-1)c]$$

和一维等差数列类似,其和等于总项数乘以首项 $[(i,j)=(1,1)]$ 和末项 $[(i,j)=(m,n)]$ 的平均数.

——罗杰·B. 尼尔森(Roger B. Nelsen)

2 的幂

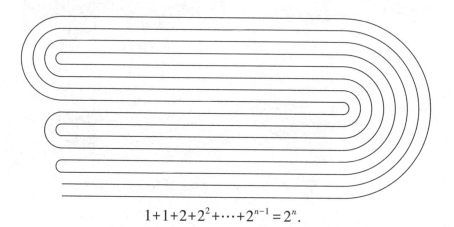

$$1+1+2+2^2+\cdots+2^{n-1}=2^n.$$

——詹姆斯·唐东（James Tanton）

二阶阶乘的和

$$1\times2+2\times3+3\times4+\cdots+n(n+1)=\frac{n(n+1)(n+2)}{3}$$

Ⅰ.

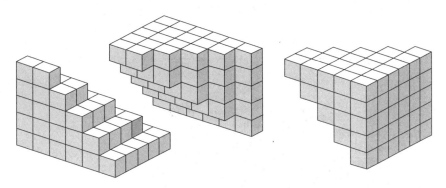

$3\times[1\times2+2\times3+3\times4+\cdots\cdots+n(n+1)].$

Ⅱ.

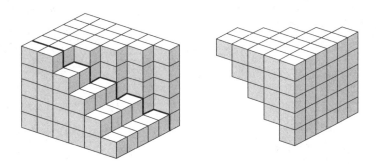

Ⅲ.

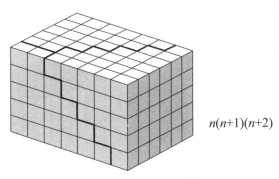

$n(n+1)(n+2)$

——乔治·哥尔多尼（Giorgio Goldoni）

连续整数求和表达成立方和的形式

$$2 + 3 + 4 = 1 + 8$$
$$5 + 6 + 7 + 8 + 9 = 8 + 27$$
$$10 + 11 + 12 + 13 + 14 + 15 + 16 = 27 + 64$$
$$\vdots$$
$$(n^2 + 1) + (n^2 + 2) + \cdots + (n+1)^2 = n^3 + (n+1)^3$$

——罗杰·B. 尼尔森（Roger B. Nelsen）

关于奇数列的性质（伽利略，1615）

$$\frac{1}{3}=\frac{1+3}{5+7}=\frac{1+3+5}{7+9+11}=\cdots.$$

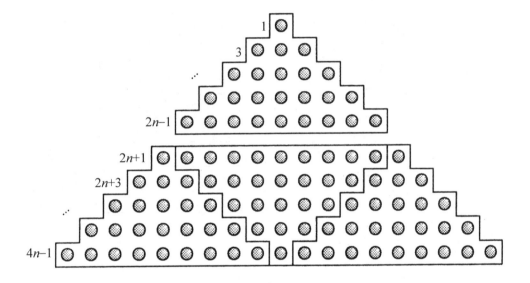

$$\frac{1+3+\cdots+(2n-1)}{(2n+1)+(2n+3)+\cdots+(4n-1)}=\frac{1}{3}$$

参考文献

S. Drake, *Galileo Studies*, The University of Michigan Press, Ann Arbor, 1970, pp. 218-219.

——罗杰·B. 尼尔森（Roger B. Nelsen）

伽利略比值

伽利略·伽利莱（1564—1642）

$$\frac{1}{3}=\frac{1+3}{5+7}=\frac{1+3+5}{7+9+11}=\cdots=\frac{1+3+\cdots+(2n-1)}{(2n+1)+(2n+3)+\cdots+(4n-1)}$$

$$=\frac{n^2}{(2n)^2-n^2}=\frac{n^2}{3n^2}=\frac{1}{3}$$

——阿菲尼尔·弗洛雷斯，休·A. 桑德斯
（Alfinio Flores & Hugh A. Sanders）

平方数模 3

$$n^2 = 1+3+5+\cdots+(2n-1) \Rightarrow n^2 \equiv \begin{cases} 0(\bmod 3), & n \equiv 0 \pmod 3 \\ 1(\bmod 3), & n \equiv \pm 1 \pmod 3 \end{cases}$$

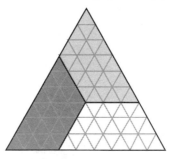

$(3k)^2 = 3[(2k)^2 - k^2]$

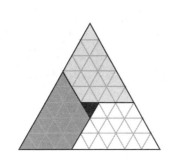

$(3k-1)^2 = 1 + 3[(2k-1)^2 - (k-1)^2]$

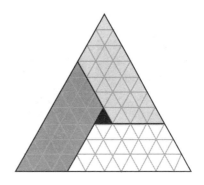

$(3k+1)^2 = 1 + 3[(2k+1)^2 - (k+1)^2]$

——罗杰·B. 尼尔森（Roger B. Nelsen）

连续立方数的差模 6 余 1

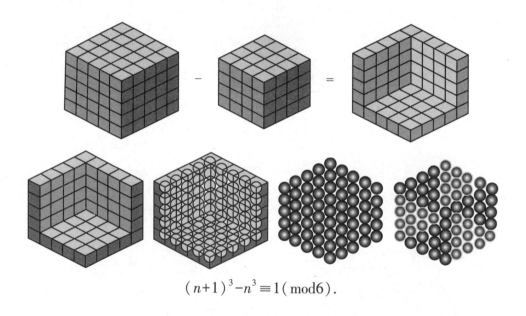

$$(n+1)^3 - n^3 \equiv 1 \pmod{6}.$$

——克劳迪·阿尔西纳,哈桑·乌纳尔,罗杰·B. 尼尔森
(Claudi Alsina, Hasan Unal & Roger B. Nelsen)

第 k 个 n-边形数

$$1+(k-1)(n-1)+\frac{1}{2}(k-2)(k-1)(n-2)$$

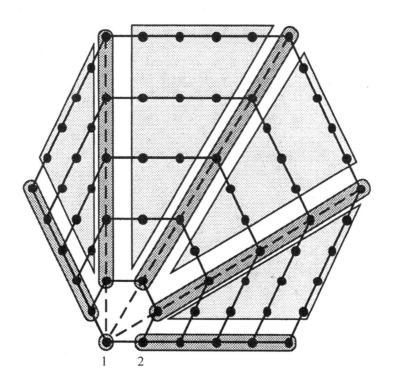

——戴夫·罗果塞提（Dave Logothetti）

三角形数的和

$$t_k = 1+2+\cdots+k \quad \Rightarrow \quad t_1+t_2+\cdots+t_n = \frac{n(n+1)(n+2)}{6}$$

$$t_1+t_2+\cdots+t_n = \frac{1}{6}(n+1)^3 - (n+1)\cdot\frac{1}{6} = \frac{n(n+1)(n+2)}{6}.$$

——罗杰·B. 尼尔森（Roger B. Nelsen）

第6章 数　　列

五角形数等式

$$P_n = 1 + 4 + 7 + \cdots + (3n - 2)$$
$$T_n = 1 + 2 + 3 + \cdots + n$$
$$\Rightarrow$$

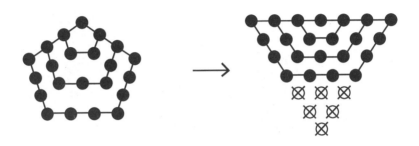

$$P_n = T_{2n-1} - T_{n-1}$$

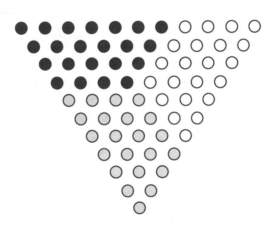

$$P_n = \frac{1}{3} T_{3n-1}$$

六角形数的和是一个立方和

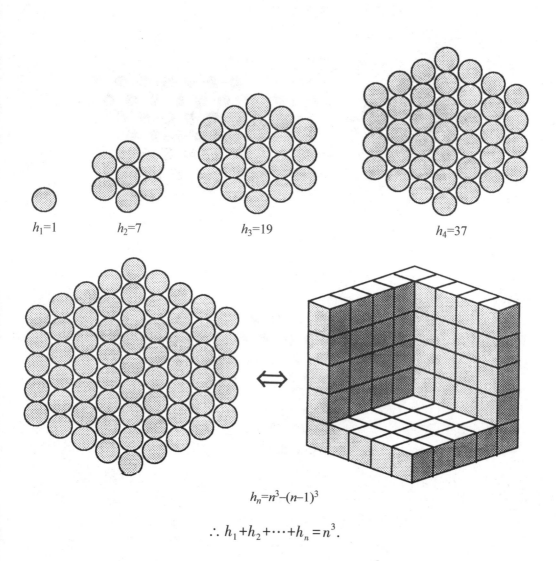

$h_1=1$ $h_2=7$ $h_3=19$ $h_4=37$

$h_n = n^3 - (n-1)^3$

$\therefore h_1 + h_2 + \cdots + h_n = n^3.$

几何级数 1

$$\frac{1}{4} + \left(\frac{1}{4}\right)^2 + \left(\frac{1}{4}\right)^3 + \cdots = \frac{1}{3}$$

——瑞克·马布里（Rick Mabry）

几何级数 2

I. $\dfrac{1}{3}+\left(\dfrac{1}{3}\right)^2+\left(\dfrac{1}{3}\right)^3+\cdots=\dfrac{1}{2}$:

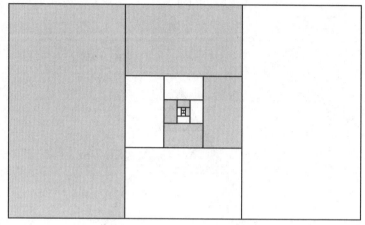

II. $\dfrac{1}{5}+\left(\dfrac{1}{5}\right)^2+\left(\dfrac{1}{5}\right)^3+\cdots=\dfrac{1}{4}$:

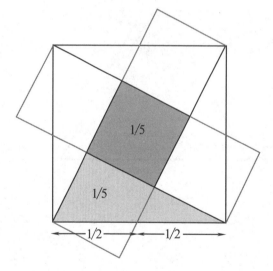
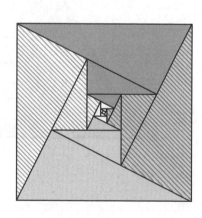

——瑞克·马布里（Rick Mabry）

几何级数 3

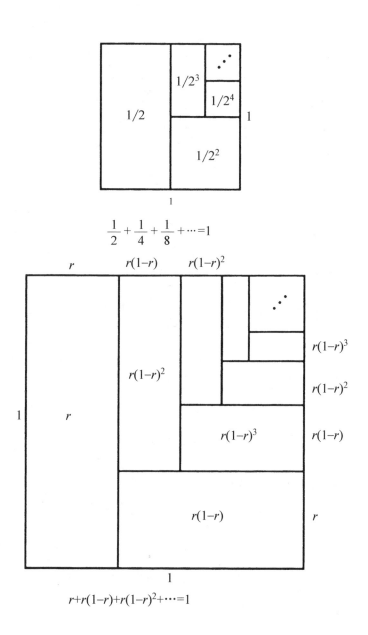

$$\frac{1}{2}+\frac{1}{4}+\frac{1}{8}+\cdots=1$$

$$r+r(1-r)+r(1-r)^2+\cdots=1$$

——沃伦·佩奇(Warren Page)

交错级数 1

$$\sum_{n=0}^{\infty}\left(-\frac{1}{2}\right)^n = \frac{2}{3}.$$

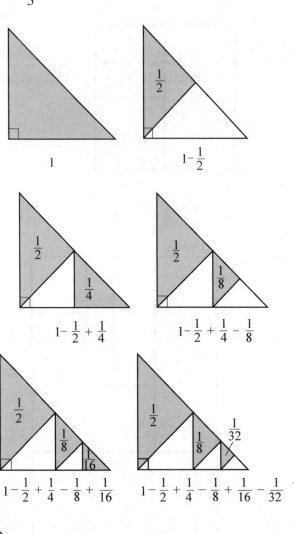

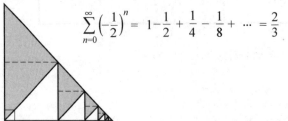

——安赫尔·普拉萨（Ángel Plaza）

交错级数 2

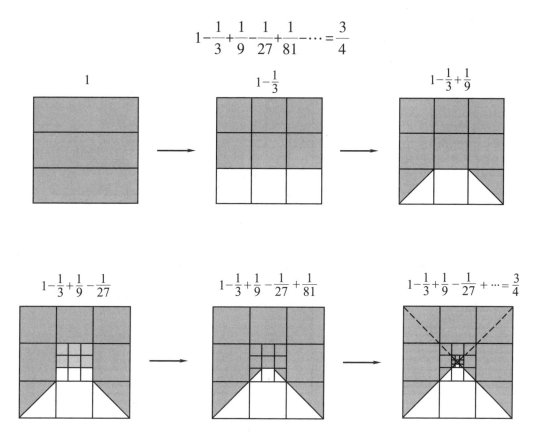

——哈桑·乌纳尔（Hasan Unal）

交错级数 3

$$1-\frac{1}{2}+\frac{1}{4}-\frac{1}{8}+\frac{1}{16}-\cdots=\frac{2}{3}$$

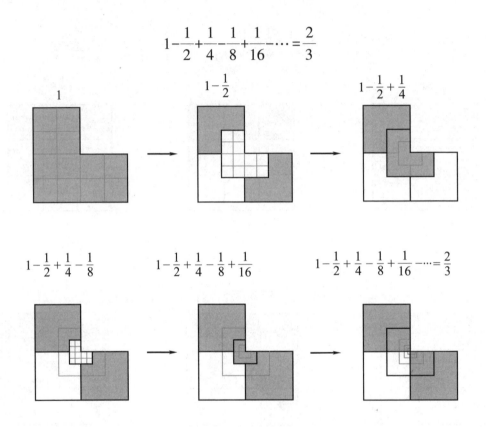

——罗杰·B. 尼尔森（Roger B. Nelsen）

$$\frac{1}{1\times2}+\frac{1}{2\times3}+\frac{1}{3\times4}+\cdots+\frac{1}{n(n+1)}+\cdots=1 \text{ 以及它的部分和}$$

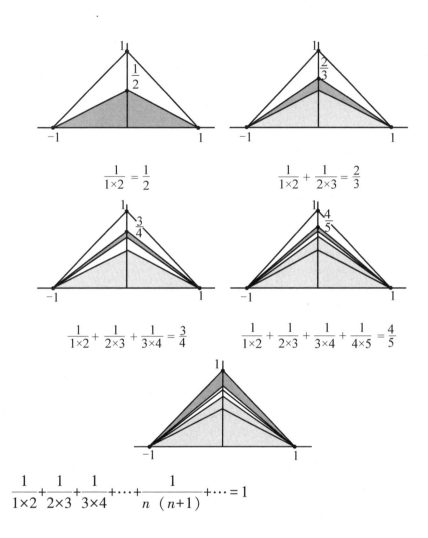

——奥斯卡·克莱里（Óscar Ciaurri）

第 7 章 其 他

点到直线的距离公式

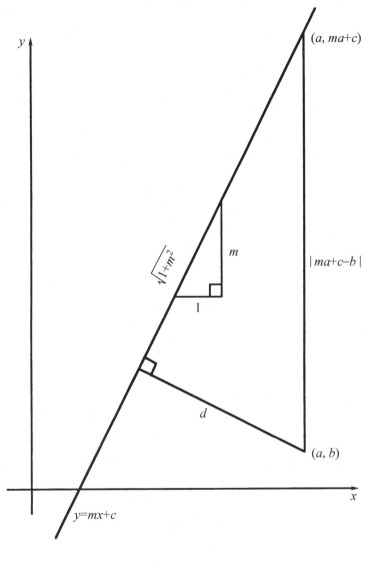

$$\frac{d}{1} = \frac{|ma+c-b|}{\sqrt{1+m^2}}$$

——R. L. 艾森曼（R. L. Eisenman）

抛物线的反射特性

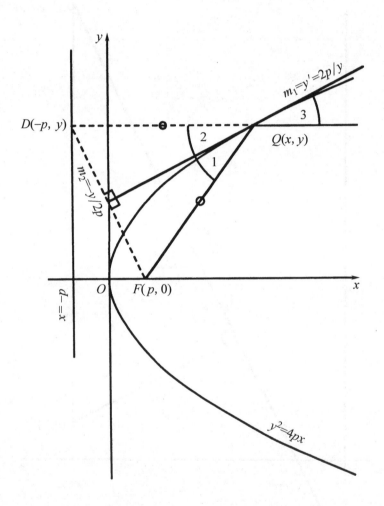

$QF = QD$ 且 $m_1 \cdot m_2 = -1 \Rightarrow \angle 1 = \angle 2 = \angle 3$

——阿尤布·B. 阿尤布（Ayoub B. Ayoub）

第7章 其 他

单位双曲线围出的等面积区域

证明

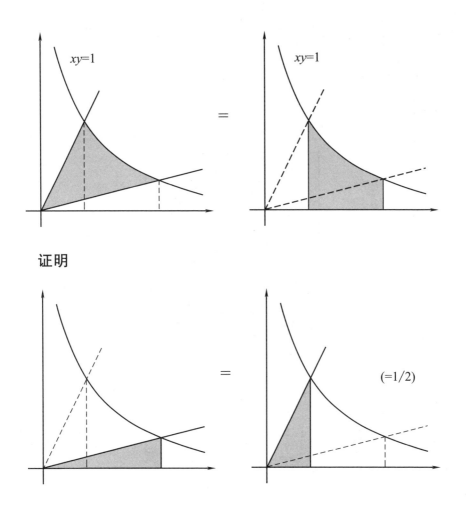

黄金分割数

记 $\varphi = \dfrac{1+\sqrt{5}}{2}$ 为黄金分割数.

定理　若 $x>0$ 且 $x = 1 + \dfrac{1}{x}$，那么 $x = \varphi$.

证明

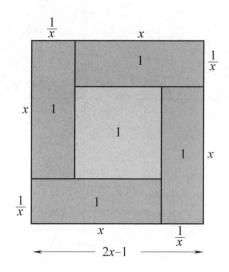

$(2x-1)^2 = 5 \Rightarrow x = \varphi = \dfrac{1+\sqrt{5}}{2}$.

练习　试证明 $\varphi^2 + (1/\varphi)^2 = 3$（提示：在上图中，利用长方形对角线构造一个面积为 3 的正方形即可.）

——罗杰·B. 尼尔森（Roger B. Nelsen）

$\sqrt{2}$ 是无理数 1

根据勾股定理，一个直角边长为 1 的等腰直角三角形斜边长为 $\sqrt{2}$. 如果 $\sqrt{2}$ 是有理数，那么三边长同时乘以一个合适的正整数可以都化为整数，于是必有一个最小的满足此要求的等腰直角三角形. 然而

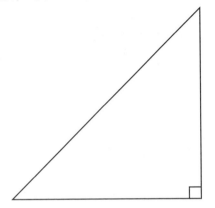

如果这是三边为整数的最小的等腰直角三角形，

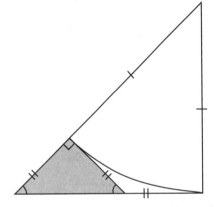

那么还可以有更小的等腰直角三角形满足要求.

因此，$\sqrt{2}$ 不可能是有理数.

——汤姆·M. 阿波斯托尔（Tom M. Apostol）

$\sqrt{2}$ 是无理数 2

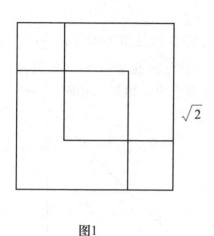

图1

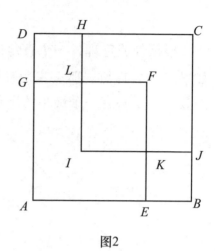

图2

图 1 是一个无字证明．它说明了 $\sqrt{2}$ 是无理数．为了说明方便，我们将图 1 加上字母，如图 2 所示．如果 $\sqrt{2}$ 是有理数，设 $\sqrt{2} = \dfrac{p}{q}$，其中 p、q 互质，且均为正整数．设正方形 $ABCD$ 的边长为 p，正方形 $AEFG$ 和正方形 $IJCH$ 的边长都为 q．则由 $\sqrt{2} = \dfrac{p}{q}$，得 $p^2 = 2q^2$．由图 2 可知，$p^2 = 2q^2$ 指 $S_{正方形ABCD} = 2S_{正方形AEFG} = 2S_{正方形IJCH} = S_{正方形AEFG} + S_{正方形IJCH}$，那么对于正方形 $ABCD$ 的面积而言，$S_{正方形}$ 计算了两次，遗漏了 $S_{正方形EBJK}$ 和 $S_{正方形GLHD}$，所以 $S_{正方形} = 2S_{正方形EBKJ} = 2S_{正方形GLHD}$．

这说明 $[p-2(p-q)]^2 = 2(p-q)^2$，即 $(2q-p)^2 = 2(p-q)^2$．其中 $2q-p < p$，$p-q < q$，这表明，在 $\sqrt{2} = \dfrac{p}{q}$ 的基础上，我们又找到了"更小"的正整数 $2q-p$ 和 $p-q$，使得 $\sqrt{2} = \dfrac{2q-p}{p-q}$．这一过程可以无限延续下去，说明 $\sqrt{2}$ 无法用最简分数表示，因此它是无理数．

——彭翕成（Xicheng Peng）

辛普森悖论

(爱德华·休·辛普森,1922—)

1. 某候选人在每个城镇中的女性支持率都高于男性支持率,但整体统计结果男性支持率更高.

2. X 治疗方案在每所医院中疗效都比 Y 方案更成功,但整体疗效 Y 方案却比 X 更好.

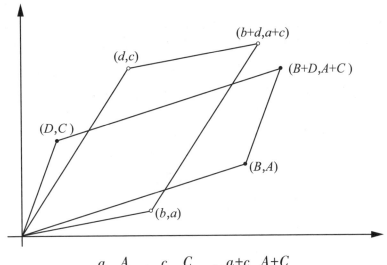

$$\frac{a}{b}<\frac{A}{B} \text{ 且 } \frac{c}{d}<\frac{C}{D}, \text{ 但} \frac{a+c}{b+d}>\frac{A+C}{B+D}.$$

1. 在小镇 1 中,B 是女性的数量

    b 是男性的数量

    A 是支持候选人的女性数量

    a 是支持候选人的男性数量

在小镇 2 中,D、d、C、c 的意义类似.

2. 在医院 1 中,B 是用 X 方案治疗的人数,A 是用 X 方案治愈的人数.

    b 是用 Y 方案治疗的人数,a 是用 Y 方案治愈的人数.

在医院 2 中,D、d、C、c 的意义类似.

——杰吉·科斯克(Jerzy Kocik)

柳卡问题

某轮船公司每天中午都有一艘轮船从哈佛开往纽约,并且每天的同一时刻也有一艘轮船从纽约开往哈佛.轮船在途中所花的时间来回都是7昼夜,而且都是匀速航行在同一航线上.问今天中午从哈佛开出的轮船,在开往纽约的航程中,将会遇到几艘该公司的轮船从对面开来?

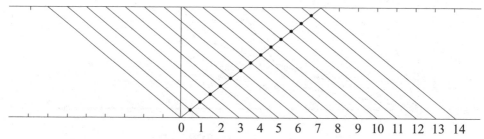

注 从左下角到右上角的线段,与"途中"的平行线段有15个交点,故与同一公司从对面开来的15艘船在航行中相遇.

——罗增儒(Zengru Luo)

一个部分分式分解

$$\frac{1}{n(n+1)} = \frac{1}{n} - \frac{1}{n+1}.$$

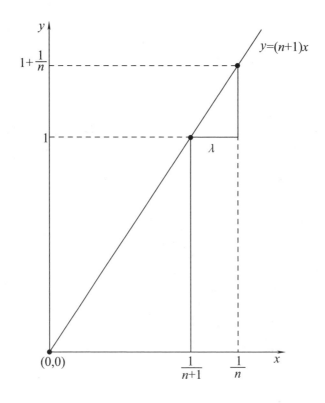

$$\lambda = \frac{1}{n} - \frac{1}{n+1}, \quad \frac{1/(n+1)}{1} = \frac{\lambda}{1/n} \Rightarrow \frac{1}{n} - \frac{1}{n+1} = \frac{1}{n} \cdot \frac{1}{n+1}$$

——史蒂文·J. 切弗维特（Steven J. Kifowit）

最小面积问题

对于正数 a、b，找到过点 (a,b) 的直线，使得其在第一象限内截得的三角形面积 K 最小.

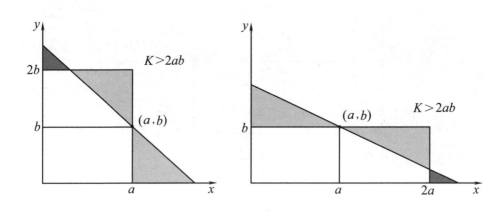

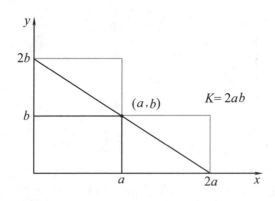

$$\frac{x}{a}+\frac{y}{b}=2.$$

递归

$A_n = 2^n - 1.$

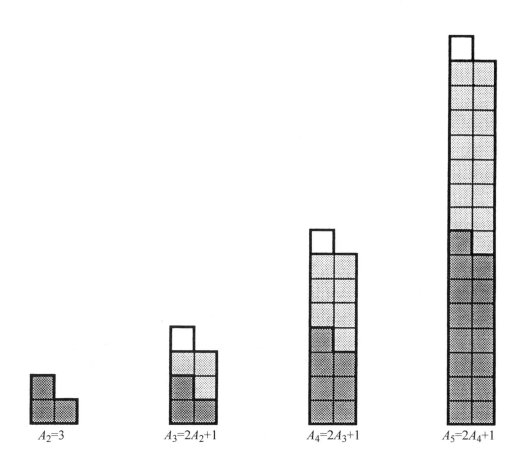

$A_2=3 \text{ 且 } A_n = 2A_{n-1}+1 \Leftrightarrow A_n = 2(2^{n-1}) - 1 = 2^n - 1$

——雪莉·A. 威肯（Shirley A. Wakin）

组合恒等式

$$\binom{n}{2} = \frac{1}{2}(n^2-n) = \sum_{i=1}^{n-1} i,$$

$$\binom{n+1}{2} = \binom{n}{2} + n.$$

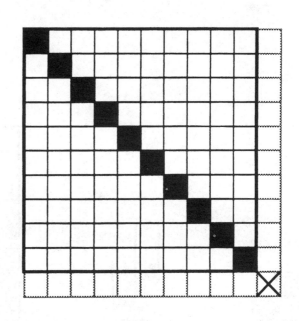

——詹姆斯·O. 希拉卡（James O. Chilaka）

第 7 章 其他

一个 Calissons 问题

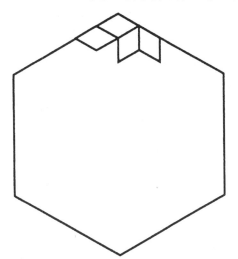

Calissons 是一种法国糖果，每一块由两个等边三角形沿边缘重合. Calissons 糖果的盒子像一个正六边形，其填充提出了一个有趣的组合问题. 假设一个侧面长度为 n 的盒子，充满了边长为 1 的糖果. 每个 Calissons 糖果的短对角线平行于一对盒子边.

在正六边形糖果盒中，一个 Calissons 糖果有三个不同的方向.

定理 对任意的填充，一个给定方向的 Calissons 糖果的数量是 Calissons 糖果在正六边形糖果盒中的总数的三分之一.

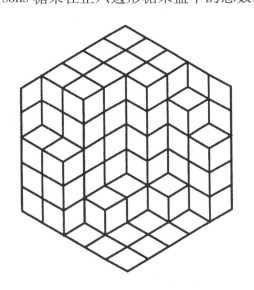 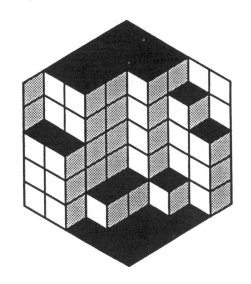

——盖·大卫和卡洛斯·托梅（Guy David and Carlos Tomei）

文 献 索 引

第1章 平面几何

1. *Great Moments in Mathematics*（before 1650），The Mathematical Association of America，Washington，1980，pp. 27-28.
2. *Great Moments in Mathematics*（before 1650），The Mathematical Association of America，Washington，1980，pp. 34-36.
3. *Great Moments in Mathematics*（before 1650），The Mathematical Association of America，Washington，1980，pp. 29-32.
4. http://tug.org/applications/PSTricks/Tilings.
5. *Great Moments in Mathematics*（*Before 1650*），The Mathematical Association of America，Washington，1980，pp. 29-31.
6. 尚不明确.
7. *The Mathematical Gazette*，Vol. 92，No. 525（November 2008），p. 565.
8. *College Mathematics Journal*，vol. 17，no. 5（Nov. 1986），p. 422.
9. The Mathematical Gazette.
10. Mathematics Magazine，Vol. 82，No. 5（December 2009），p. 370.
11. http://mathpuzzle.com/Equtripr.htm.
12. Written communication.
13. *Mathematics Magazine*，vol. 71，no. 1（Feb. 1998），p. 64.
14. Mathematics Magazine，Vol. 86，No. 2（April 2013），p. 146.
15. Mathematics Magazine，Vol. 74，No. 4（Qct.，2001），p. 313.
16. Mathematics Magazine，Vol. 78，No. 3（Jun.，2005），p. 213.
17. *Mathematics Magazine*，vol. 70，no. 5（Dec. 1997），p. 380；vol. 71，no. 3（June. 1998），p. 224.
18. *Mathematics Magazine*，vol. 75，no. 2（April 2002），p. 144.
19. *Mathematics Magazine*，vol. 75，no. 2（April 2002），p. 130.
20. *Mathematics Magazine*，vol. 82，no. 5（Dec. 2009），p. 359.
21. *Icons of Mathematics*，MAA，2011，pp. 139-140.
22. *Mathematics Magazine*，vol. 75，no. 4（Oct. 2002），p. 316.
23. *Mathematics Magazine*，vol. 72，no. 2（April 1999），p. 142.

24. *The Mathematics Teacher*, vol. 85, no. 2 (Feb. 1992), front cover; vol. 86, no 3 (March 1993), p. 192.
25. *Mathematical Morsels*, The Mathematical Association of America, Washington, 1978, pp. 204-205.
26. *Mathematics Magazine* Vol, 91, NO. 3, (JUNE 2018), p184-185.
27. *Mathematics Magazine*, 2018, 91 (2): 151-158.
28. *American Mathematical Monthly*, vol. 86, no. 9 (Nov. 1986), pp. 752, 755.
29. *Mathematical Morsels*, The Mathematical Association of America, Washington, 1978, pp. 126-127.
30. *The College Mathematics Journal*, 2015, 46 (1): 10.
31. *Mathematics Magazine*, vol. 71, no. 5 (Oct. 1998), p. 314.
32. *Great Moments in Mathematics* (*Before* 1650). MAA, 1980, pp. 99 – 100.
33. *College Mathematics Journal*, vol. 43, no. 5 (Nov. 2012), p. 386.
34. *Mathematics Magazine*, 2017, 90 (3): 187.
35. *Mathematics Magazine*, Vol. 87, No. 4 (October 2014), p. 359.
36. *Charming Proofs*, MAA, 2010, p. 80.
37. *Mathematics Magazine*, vol. 80, no. 1 (Feb. 2007), p. 45.
38. Ⅰ. *Mathematics Magazine*, vol. 71, no. 3 (June 1998), p. 196.
    Ⅱ. *Mathematical Morsels*, The Mathematical Association of America, Washington, 1978, pp. 27-28.
39. *The College Mathematics Journal*, 2016, 47 (5): 355.
40. Mathematics Magazine, Vol. 81, No. 5 (Dec., 2008), p. 366.
41. Mathematics Magazine, Vol. 80, No. 3 (Jun., 2007), p. 195.
42. Mathematics Magazine, Vol. 79, No. 2 (Apr, 2006), p. 121.
43. *Mathematics Magazine*, 2017, 90 (3): 220.
44. *Mathematics Magazine*, 2016, 89 (2): 132.
45. *The Mathematical Gazette*, 2017, 101 (552): 497-498. DOI: 10.1017/mag. 2017. 139.
46. *Mathematics Magazine*, 2018, 91 (4): 254.

47. *The Mathematical Gazette*, 2020, 104（560）: 338-339. DOI: 10.1017/mag.2020.64.

48. *The College Mathematics Journal*, 2017, 48（5）: 354.

49. *The College Mathematics Journal*, 2015, 46（2）: 109.

50. *Mathematics Magazine*, 2015, 88（5）: 337.

51. http://www.uxl.eiu.edu/~cfdmb/ismaa/ismaa01sol.pdf.

52. *Mathematics Magazine*, vol. 67, no. 5（Dec. 1994）, p. 354.

53. *College Mathematics Journal*, vol. 17, no. 4（Sept. 1986）, p. 338.

54. *Mathematics Magazine*, vol. 65, no. 5（Dec 1992）, p. 356.

55. *College Mathematics Journal*, vol. 25, no. 3（May 1994）, p. 211.

56. *Mathematical Morsels*, The Mathematical Association of America, Washington, 1978, pp. 126-127.

第 2 章　立体几何

57. http://pomp.tistory.com/887

58. *Mathematics Magazine*, vol. 68, no. 2（April 1995）, p. 109.

59. *The College Mathematics Journal*, 2016, 47（5）: 346.

第 3 章　代数恒等式

60-65. 无.

66. The Mathematical Gazette, Vol. 85, No. 504（Nov., 2001）, p. 479.

67. *Mathematics Magazine*, vol. 56, no. 2（March 1983）, p. 110.

68. *Mathematics Magazine*, vol. 57, no. 4（Sept. 1984）, p. 231.

69. *College Mathematics Journal*, vol. 45, no. 1（Jan. 2014）, p. 21.

70. *Mathematics Magazine*, 2017, 90（2）: 134.

71. *The College Mathematics Journal*, 2019: 50（3）: 197.

第 4 章　不等式

72. *College Mathematics Journal*, vol. 16, no. 3（June 1987）, p. 208.

73. I. *An Introduction to Inequalities*, MAA, 1975, p. 50.
　　II. *College Mathematics Journal*, vol. 31, no. 2（March 2000）, p. 106.

74. *Mathematics Magazine*, vol. 59, no. 1 (Feb. 1986), p. 11.

75. *Mathematics and Computer Education*, vol. 31, no. 2 (spring 1997), p. 191.

76. *College Mathematics Journal*, vol. 26, no. 1 (Jan 1995), p. 38.

77. *College Mathematics Journal*, vol. 46, no. 1 (Jan. 2015), p. 42.

78. *American Mathematic Monthly*, vol. 88, no. 3 (March 1981), p. 192

79. *Mathematics Magazine*, vol. 60, no. 3 (June 1987), p. 158.

80. *Mathematics Magazine*, vol. 68, no. 4 (Oct 1995), p. 305.

81. "无字证明"赏析. 中小学数学（高中版）[J]. 2005.

82. 用心做教育 [M]. 北京：高等教育出版社，2005.

83. *Mathematics Magazine*, 2015, 88 (2): 144-145.

84. *Mathematics Magazine*, vol. 67, no. 1 (Feb. 1994), p. 20.

85. *Mathematics Magazine*, vol. 81, no. 1 (Feb. 2008), p. 69.

86. *Mathematics Magazine*, vol. 69, no. 3 (June 1996), p. 197.

87. *Mathematics Magazine*, vol. 64, no. 1 (Feb. 1991), p. 31.

88. *Mathematics Magazine*, vol. 60, no. 3 (June 1987), p. 165.

89. Ⅰ. *Mathematics Teacher*, vol. 81, no. 1 (Jan. 1988), p. 63
    Ⅱ. Mathematics Magazine, vol. 67, no. 1 (Feb. 1994), p. 34.

90. *Mathematics Magazine*, vol. 63, no. 3 (June 1987), p. 172.

91. *Mathematics Magazine*, vol. 67, no. 5 (Dec. 1994), p. 374.

92. *Mathematics Magazine*, Vol. 84, No. 3 (June 2011), p. 228.

93. *College Mathematics Journal*, vol. 44, no. 1 (Jan. 2013), p. 16.

94. *Mathematics Magazine*, vol. 80, no. 5 (Dec. 2007), p. 344.

95. *Mathematics Magazine*, vol. 79, no. 1 (Feb. 2008), p. 53.

96. http://www.cms.math.ca/CMS/Competitions/OMC/examt/english69.html.

第5章 三角公式

97. *Mathematics Magazine*, vol. 66, no. 2 (April 1993), p. 135.

98. Written communication.

99. *College Mathematics Journal*, vol. 26, no. 2 (March 1995), p. 145.

100. Ⅰ. *College Mathematics Journal*. vol. 45, no. 3 (May 2014), p. 190.

II. *College Mathematics Journal*, vol. 45, no. 5 (Nov. 2014), p. 370.

101. 将无字证明引入课堂 [J]. 数学教学, 2010 (7): 6.

102. *Mathematics Magazine*, vol. 75, no. 5 (Dec., 2002), p. 398

103-104. *College Mathematics Journal*, vol. 30, no. 5 (Nov. 1999), p. 433; vol. 31, no. 2 (March 2000), pp. 145-146.

105. *College Mathematics Journal*, vol. 41, no. 5 (Nov. 2010), p. 392

106. *The College Mathematics Journal*, Vol. 41, No. 5 (November 2010), p. 392.

107. *College Mathematics Journal*, vol. 20, no. 1 (Jan. 1989), p. 51.

108. *American Mathematics Monthly*, vol. 49, no. 5 (May 1942), p. 325.

109. *Mathematics Magazine*, Vol. 74, No. 5 (Dec., 2001), p. 393.

110. *Mathematics Magazine*, vol. 62, no. 4 (Oct. 1989), p. 267.

111. *Mathematics Magazine*, Vol. 85, No. 1 (February 2012), p. 43.

112. *College Mathematics Journal*, vol. 45, no. 5 (Nov, 2014), p. 376.

113. *Mathematics Magazine*, vol. 69, no. 4 (Oct. 1996), p. 269.

114. *Mathematics Magazine*, vol. 69, no. 4 (Oct. 1996), p. 278.

115. *The College Mathematics Journal*, 2016, 47 (3): 199.

116. *Mathematics Magazine*, vol. 61, no. 4 (Oct. 1988), p. 259.

117. *Mathematics Magazine*, vol. 63, no. 5 (Dec. 1990), p. 342.

118. *Mathematics Magazine*, vol. 64, no. 2 (April 1992), p. 103.

119. 余弦定理的无字证明. 中学数学杂志 [J]. 2011 (5): 26-27.

120. 余弦定理的无字证明. 中学数学杂志 [J]. 2011 (5): 26-27.

121. 余弦定理的无字证明. 中学数学杂志 [J]. 2011 (5): 26-27.

122. *The Mathematical Gazette*, 2015, 99 (545): 357. DOI: 10.1017/mag.2015.53.

123. *Mathematics Magazine*, 2020, 93 (4): 307.

124. *College Mathematics Journal*, vol. 18, no. 2 (March 1987), p. 141.

125. *Mathematics Magazine*, vol. 61, no. 2 (April 1988), p. 113.

126. *Mathematics Magazine*, vol. 61, no. 5 (Dec. 1988), p. 281.

127. *College Mathematics Journal*, vol. 32, no. 4 (April 2001), p. 291.

128. *Mathematics Magazine*, vol. 75. no. 1 (Feb. 2002), p. 40.

129. *College Mathematics Journal*, vol. 34, no. 2（March 2003），pp. 115, 138.

130. *Mathematics Magazine*, vol. 86, no. 5（Dec. 2013），p. 350.

131. *Mathematics Magazine*, vol. 77, no. 4（Oct. 2004），p. 259.

132. 中小学数学，2013 年 1-2 月（中旬）.

133. *Mathematics Magazine*, Vol. 83, No. 2（April 2010），p. 110.

134. 数学家的眼光［M］. 北京：中国少年儿童出版社，2011.

135. *The College Mathematics Journal*, Vol. 43, No. 5（November 2012），p. 386.

136. *College Mathematics Journal*, vol. 35, no. 4（Sept. 2004），p. 282.

137. *The College Mathematics Journal*, 2017, 48（1）：35.

138. *College Mathematics Journal*, vol. 33, no. 4（Sept. 2002），pp. 318-319.

第 6 章　数列

139. *Scientific American*, vol. 229, no. 4（Oct. 1973），p. 114.

140. *Mathematics Magazine*, vol. 57, no. 2（March 1984），p. 104.

141. *College Mathematics Journal*, vol. 26, no. 3（May 1995），p. 195.

142. *Math Made Visual*, MAA, 2006, p. 4.

143. *Historical Topics for the Mathematics Classroom*, p. 54.

144. 尚不明确.

145. *Tangente* n° 115（Mars-Avril 2007），p. 10.

146. *Mathematics Magazine*, 2017, 90（4）：298.

147. *Mathematics Magazine*, vol. 78, no. 5（Dec. 2005），p. 385.

148. 尚不明确.

149. *Student*, vol. 3, no. 1（March 1999），p. 43.

150. *Mathematics Magazine*, vol. 57, no. 2（March 1984），p. 92.

151. *Scientific American*, vol. 229, no. 4（Oct. 1973），p. 115.
    College Mathematics Journal, vol. 22, no. 2（March 1991），p. 124.

152. *College Mathematics Journal*, vol. 20, no. 2（March 1989），p. 123.

153. *Scientific American*, vol. 229, no. 4（Oct. 1973），p. 115.

154. *Mathematics Magazine*, vol. 66, no. 3 (June 1993), p. 166.

155. *College Mathematics Journal*, vol. 25, no. 3 (May 1994), p. 246.

156. *Mathematics Magazine*, vol. 70, no. 3 (June 1997), p. 212.

157. *College Mathematics Journal*, vol. 25, no. 2 (March 1994), p. 111.

158. *Mathematics Magazine*, vol. 85, no. 5 (Dec 2012), p. 360.

159. *Mathematics Magazine*, vol. 55, no. 2 (March 1982), p. 97.

160. *Mathematics Magazine*, vol. 63, no. 1 (Feb. 1990), p. 25.

161. *Mathematics Magazine*, 2019, 92 (4): 269.

162. *The College Mathematics Journal*, 2018, 49 (3): 180.

163. *Mathematics Magazine*, 2017, 90 (4): 286.

164. *A Primer for the Fibonacci Numbers*, The Fibonacci Association, San Jose, 1972, p. 147.

165. *Mathematics Magazine*, vol. 66, no. 5 (Dec. 1993), p. 329.

166. *Mathematics Magazine*, vol. 62, no. 1 (Feb. 1989), p. 27.

167. *College Mathematics Journal*, vol. 33, no. 2 (March 2002), p. 171.

168. *College Mathematics Journal*, vol. 40, no. 2 (March 2009), p. 86.

169. *Mathematical Intelligencer*, vol. 24, no. 4 (Fall 2002), pp. 67-69.

170. *Mathematics Magazine*, vol. 63, no. 5 (Dec. 1990), p. 314.

171. *Mathematics Magazine*, vol. 68, no. 1 (Feb. 1995), p. 41.

172. *College Mathematics Journal*, vol. 36, no. 3 (May 2005), p. 198.

173. *College Mathematics Journal*, vol. 44, no. 4 (Sept. 2013), p. 283.

174. *College Mathematics Journal*, vol. 45, no. 2 (March 2014), p. 135.

175. *Mathematics Magazine*, vol. 64, no. 2 (April 1991), p. 114.

176. *Mathematics Magazine*, vol. 78, no. 3 (June 2005), p. 231

177. 尚不明确.

178. *American Mathematical Monthly*, vol. 95, no. 8 (Oct. 1988), pp. 701, 709.

179. *Mathematics Magazine*, vol. 72, no. 1 (Feb. 1999), p. 63.

180. Ⅰ. *College Mathematics Journal*, vol. 32, no. 1 (Jan. 2001), p. 19.
    Ⅱ. http://lsusmath.rickmabry.org/rmabry/fivesquares/fsq2.gif.

181. *Mathematics Magazine*, vol. 54, no. 4 (Sept. 1981), p. 201.

182. *The Mathematical Gazette*, 2018, 102 (555): 504-505. DOI: 10.1017/mag. 2018. 122.
183. *College Mathematics Journal*, vol. 40, no. 1 (Jan. 2009), p. 39.
184. *College Mathematics Journal*, vol. 43, no. 5 (Nov. 2012), p. 370.
185. *Mathematics Magazine*, 2016, 89 (1): 45-46.

第 7 章 其他

186. *Mathematics Magazine*, vol. 42, no. 1 (Jan. -Feb. 1969), p. 40-41.
187. *Mathematics Magazine*, vol. 64, no. 3 (June 1991), p. 175.
188. *Icons of Mathematics*, MAA, 2011, pp. 251, 305.
189. *The College Mathematics Journal*, 2016, 47 (2): 108.
190. *American Mathematical Monthly*, vol. 107, no. 9 (Nov. 2000), p. 841.
191. 此处无声胜有声. 中学生数理化 [J]. 2010: 29.
192. *Mathematics Magazine*, vol. 74, no. 5 (Dec. 2001), p. 399.
193. 数学的领悟 [M]. 郑州: 河南科技出版社, 1998.
194. *College Mathematics Journal*, vol. 36, no. 2 (March 2005), p. 122.
195. 尚不明确.
196. *Mathematics Magazine*, vol. 62, no. 3 (June 1989), p. 172.
197. *Mathematics Magazine*, vol. 52, no. 4 (Sept. 1979), p. 206.
198. *American Mathematical Monthly*, vol. 96, no. 5 (May 1988), pp. 429-30.